Stephan Wahl

Reiß die Himmel auf ...

Stephan Wahl

Reiß die Himmel auf ...

Texte und Bausteine für Meditationen
und Gottesdienste
in der Advents- und Weihnachtszeit

HERDER
FREIBURG · BASEL · WIEN

2. Auflage 2004

www.herder.de

Umschlaggestaltung: Finken & Bumiller

Herstellung: fgb · freiburger graphische betriebe
www.fgb.de

Gedruckt auf umweltfreundlichem,
chlorfrei gebleichtem Papier
ISBN 3-451-28212-7

Inhalt

Vorwort

Manches Mal genügt schon ein Impuls, ein Gedanke, um bekannten biblischen Texten neue Seiten abzugewinnen. Gerade die Advents- und Weihnachtszeit fordert dazu heraus.

Wer exegetisch und homiletisch perfekt formulierte Predigten im klassischen Sinn erwartet, wird auf den folgenden Seiten enttäuscht werden. Wer allerdings Anregungen und Anstöße für eigene Texte und Worte sucht, der wird, so hoffe ich, den einen oder anderen Hinweis finden.

Die Advents- und Weihnachtsgedanken dieses Buches folgen dort, wo die kirchliche Leseordnung differenziert, den Vorlagen des Lesejahrs C, sind aber nicht notwendig an sie gebunden. Bruchstückhaft entstammen sie Beiträgen zum »Wort zum Sonntag« (ARD) oder anderen Verkündigungssendungen. Die meisten allerdings entstanden für den vorliegenden Band.

Vielleicht können sie ein wenig dazu beitragen, das Wort von der Menschwerdung Jesu lebendig zu verkünden, vielleicht können sie dazu anregen, die eigene Sprache zu finden, um die Botschaft verständlich weiterzusagen, schön wäre es, wenn sie hilfreich wären für persönliche Meditation und Gebet.

Die Gedanken seien allen gewidmet, auf deren Freundschaft ich zählen kann, die mir immer wieder unverdrossen auf die Sprünge helfen und mit mir Brücken schlagen zwischen Glaube und Welt. Sie seien allen gewidmet, deren Spur sich mit den Jahren verloren hat und allen, an die ich dankbar zurückdenke. Besonders an Birgit Gerhardt, die in diesem Jahr 50 Jahre alt geworden wäre, und deren Leben und Tod für alle, die sie kannten, unlösbar mit der Lichtkraft des Advents verbunden bleibt.

Saarbrücken, am 11. März 2003 STEPHAN WAHL

… reiß die Himmel auf

Herr, es ist deine Kirche.
Nur, wenn du es willst,
wird dein Name genannt bleiben,
nur, wenn du es willst
werden unsere Altäre nicht gestürzt,
nur, wenn du es willst,
tragen wir weiter,
was wir empfangen haben.

Wecke die Sehnsucht nach dir
und lass deine Stimme hören.
Ruf Menschen auf deine Seite,
reiß sie aus ihren Gleisen,
wirf ihre Pläne über den Haufen
und kämpfe eifersüchtig um sie.
Ich weiß, es ist schwerer als früher.

Reiß die Himmel auf
und gib uns Kraft,
leise und laut,
stark und schwach,
klar und empfindsam
die Botschaft zu verkünden.

Wider alle Götter und Götzen,
wider alle Kälte und Berechnung,
wider alle Grenzen und Zwänge.

Gib uns tollkühnen Mut,
von deiner Größe zu reden
und: von deiner Barmherzigkeit.

Damit die Menschen
Menschen werden.
In deiner Welt.

ERSTER ADVENT

Hellwach bleiben

Gebet

Tröste uns, Herr, und stärke uns mit deinem Licht.
Am Beginn der Adventszeit zünden wir die erste Kerze an.
Sie vertreibe das Dunkel, das uns belastet und umhüllt.
Sie führe uns zur Ruhe und lasse uns durchatmen.
Sie zeige uns den Weg hin zum großen Fest
– zur Feier deiner Menschwerdung in Jesus Christus.

Wort zur Lesung (Jer 33,14–16)

gerechtigkeit

das wort
gesprochen vor aller zeit
in alle zeit

die verheißung:
recht und gerechtigkeit

nicht die der menschen
nicht die unserer peniblen gesetze
nicht die unserer kaschierten unbarmherzigkeit

die gerechtigkeit gottes

Gedanken zum Evangelium (Lk 21,25–28.34–36)

Ohne Angst

Max Frisch,
der berühmte Schweizer Schriftsteller,
hat elf Fragebögen hinterlassen.
Zwischen 1966 und 1971
sind sie entstanden.
In ihnen stellt er nichts anderes
als eben Fragen.

Überlässt dem Leser, der Leserin
die entsprechende Antwort,
und überlässt ihn/sie damit
vorher sich selbst.

Die allererste Frage
hat es schon in sich:

»Sind Sie sicher,
dass Sie die Erhaltung des Menschengeschlechts,
wenn Sie und alle Ihre Bekannten nicht mehr sind,
wirklich interessiert?
Und wenn ja, warum?
Stichwörter genügen.«

Mit Nein zu antworten,
ist am einfachsten.
Soll doch kommen,
was da kommen will.
Nach mir die Sintflut.

Mich juckt dann eh nichts mehr.
Strom kommt aus der Steckdose,
und wenn Generationen nach uns
den Atommüll hüten müssen,
tja …
einfach tja …
Die werden das schon packen.

Mit Ja zu antworten,
ist schon ein bisschen schwieriger.

Dann bin ich verantwortlich,
mitverantwortlich für das,
was andere erleben werden.

Für Christen gibt es die Versuchung,
zu schnell alles dem lieben Gott zu überlassen.
Er wird die Welt eh erlösen,
und alles ist nur vorläufig,
vergeben wird er sowieso,
er ist ja barmherzig,
und in der ewigen Seligkeit
wird er schon alles wieder richtig stellen.

Gott lässt sich aber nicht
auf eine Formel bringen:
»Ich, der Herr, dein Gott,
bin ein eifernder Gott,
der die Missetat der Väter heimsucht bis ins
dritte und vierte Glied …« (vgl. Ex 20,4–6)

Das steht auch in der Bibel.

Gott entlässt den Menschen nicht
aus seiner Verantwortung,
korrigiert nicht immer während unsere Fehler.
Lässt auch zu,
wenn uns die eigenen Sünden begleiten.

Ihre Folgen.
Ihre Konsequenzen.

Natürlich hoffe ich auch,
dass er irgendwann einen
Schlussstrich ziehen wird.
Auf seine Weise.
Erlösend, endgültig, befreiend.

Dann irgendwann,
am Ende aller Zeit,
wenn er die Rätsel der Welt enthüllt,
und unsere eigenen.

Das ist aber keine Entschuldigung
und Ausrede für jetzt.
Jetzt bin ich erst mal selber dran.

Einer meiner Religionslehrer
hat uns einmal in einer Stunde gesagt,
glaubwürdig Christ zu sein,
hieße, so zu leben,
als würde es den Himmel
vielleicht doch nicht geben.

Also, Nächstenliebe,
Bewahrung der Schöpfung,
Barmherzigkeit umzusetzen
und zu leben,
auch ohne die Aussicht,
dass es mir irgendwann einmal was bringt,
dass alles nur vorläufig ist,
dass ich später mal belohnt werde.

Eine Provokation.
Ich war damals als Jugendlicher
ziemlich erschrocken,
aber heute weiß ich,
dass da Wahrheit drin steckt.

Keine Frage,
natürlich glaubte unser Pater an den Himmel,
aber dieser Gedanke war
der Frage von Max Frisch ähnlich.

Es geht um den Tanz ums »goldene Ich«
und darum, dass nichts,
was ich jetzt tue,
ohne Folgen bleibt,
hier und für später.
Daraus erwächst auch
ein Interesse am Fortgang der Welt,
auch wenn ich hier,
– sagen wir ruhig und einfach –
hier unten,
nicht mehr im Rennen bin.

Die Stimme erheben
gegen Kurzstrecken-Denken.

Sich als Teil der Schöpfung sehen.
Nicht als Krone.

Sich verantwortlich fühlen.
Vor Gott.

Dann wird mich das Ende der Welt
nicht schrecken, wann immer es kommen mag.
Das Ende der großen Welt
oder das Ende meiner kleinen Welt.

Hellwach bleiben,
mit dem Leben beten –
und die Angst
wird nicht siegen.

Bitten

Zu Gott, dem Ewigen, dem Herrn der Zeit, beten wir:

Für alle, die sich vor der Advents- und Weihnachtsstimmung fürchten
Für alle, die jetzt besonders unter ihrer Einsamkeit leiden
Für alle, die sich in sich selbst verkriechen

Stille oder kurze Orgelmeditation oder Fürbittruf

Für alle, die nicht planlos in den Tag hinein leben
Für alle, die sich der Folgen ihres Tuns bewusst bleiben
Für alle, die hellwach sind für das, was um sie herum passiert

Stille oder kurze Orgelmeditation oder Fürbittruf

Für alle, deren Seele Trauer trägt
Für alle, die unter Schwermut oder Angst leiden
Für alle, die sich nach dem Licht sehnen

Stille oder kurze Orgelmeditation oder Fürbittruf

Für sie alle und in unseren ganz persönlichen Anliegen bitten wir dich.
Stärke unsere Kranken mit deiner Nähe und vollende unsere Toten
in deinem Frieden.
Darum bitten wir dich jetzt und allezeit bis zu unserer Ewigkeit.
Amen.

Meditation

weiterspielen

sie waren kinder
sie spielten ihr spiel
irgendein ballspiel
damals in gonzaga

unter ihnen aloisius
der spätere heilige

der pfarrer kam
schaute ihnen zu
und stellte die frage:

was würdet ihr tun
wenn gleich
die welt unterginge?

die antworten
kamen schnell:

in die kirche würde ich laufen
schnell noch beichten
mich verstecken

die antworten überschlugen sich
die augen der kinder
spiegelten die angst

nur einer schien unbeeindruckt
blieb auf dem spielfeld

was würdest du tun, aloisius?

den ball in der hand
schaute er auf und sagte nur:

weiterspielen

Segensbitte

Der Gott aller Welten führe uns durch diese Zeit
und begleite uns auf unserem adventlichen Weg.
Er selbst reiße uns ein Stück des Himmels auf
und schenke uns die Gewissheit seiner Ewigkeit.
Er sende uns mit seinen Engeln seine guten
und stärkenden Gedanken
und gebe uns festen Boden unter die Füße.

Sein Licht gehe uns voran.

ZWEITER ADVENT

Was krumm ist, soll gerade werden ...

Gebet

Komm, Herr, tröste uns
und stärke uns mit deinem Licht.
Wir entzünden die zweite Kerze.
Sie vertreibe das Dunkel, das uns belastet und umhüllt.
Erfülle deine Verheißung und stärke unseren Willen zur Umkehr,
zu einem Leben, das noch mehr von deiner Gegenwart erzählt,
zu einem Leben, das sich noch mehr nach deinem Evangelium richtet,
zu einem Leben, das sich menschlicher und erlöster zeigt.
Dein Licht zeige uns den Weg hin zum großen Fest
– zur Feier deiner Menschwerdung in Jesus Christus.

Wort zur Lesung (Bar 5,1–9)

ausblick

im exil der hoffnungen
bleibt nicht mehr viel

lähmung und
trauer
nur blicke zurück
allein unter vielen
und fremd dazu

wartend auf
trost
auf perspektiven

sich an das wort
klammern
erst zögernd
wie zu oft enttäuschte

trotzdem

sich von den verheißungen
tragen lassen

in der poesie gottes
seine treue erkennen

Gedanken zum Evangelium (Lk 3,1–6)

Umkehr

Es gibt doch mehr als zehn Gebote.
Das elfte:

Man darf alles,
man darf sich nur nicht erwischen lassen.

»Die Menschen lügen
Punkt.

Die Menschen lügen alle
Punkt.«

So übersetzt
Arnold Stadler den Psalm 116.

Ein klare Sprache,
drastisch.
Dichter dürfen das.

Johannes war deutlich
auf seine Weise.
»... und er verkündigte
überall Umkehr und
Taufe zur Vergebung der Sünden.«

Vor die Vergebung der Sünden
haben wir in der Beichte
Reue und Vorsatz gesetzt.
Reue meint eben mehr als
das Nicht-Mehr-Leugnen von etwas,
was nicht mehr zu verstecken ist.
Sondern auch Erschrecken darüber,
wozu man fähig ist.

Es gibt Schwellen,
für die braucht man beim ersten Mal
noch Anlauf,
hat Bauchweh.
Dann geht's von alleine.
Dann merkt man's nicht mehr.
Dann geht es leichter über die Grenzen.

Man wird lockerer
und härter zugleich.
Man kennt die Systeme.

Die eigenen und die anderen.
Man wird misstrauisch.
Keiner traut keinem.

Eva Avi Yonah,
eine jüdische Dichterin aus Jerusalem,
erzählt davon.
Einer ihrer Texte heißt:

Was ich lernen sollte

Über die erfrorene Wespe am Fensterbrett
denke ich nach.

Die ich zwischen zwei Finger nahm –
Kinderfinger –
und neben den Milchkaffee legte.

Wie sie sich regte, ihre Beinchen,
ihre Fühler auftauten,

bis sie mich stach. – Und meine Mutter sagte:
›Das soll dir eine Lehre sein.‹

Und nun denke ich schon an die siebzig Jahr:
Was sollte ich lernen?

Dass man weder edel
noch hilfreich sein solle?

Oder auch,
dass Misstrauen zu allem und jedem
erstes Gebot sei?
Dass alle Mitgeschöpfe auf Erden
mich verfolgen,
mir feindlich gesinnt sind
und es daher sicherer ist,
gefühllos durchs Leben zu gehen,
hart und gepanzert?

Sollte ich es mir eine Lehre sein lassen,
dass auf keinen Verlass ist,
nicht auf Mutter noch Kind,
nicht auf Mensch noch Tier,
dass kein Gott
gütig und fürsorglich
seine Hand über mich legt,

sondern Stachel und Spott
das Vertrauen belohnen,
das in der Seele der Kinder
erwacht

und wieder erfriert?

Eva Avi Yonah

Was soll man noch glauben,
wem ist noch zu trauen,
wer spielt welches Spiel,
und wer profitiert vom Fehler der anderen?

Die Fragen stellt man,
weil man sich selbst kennt.
Wer kann schon von sich sagen,
er sei ohne Fehler,
wer?

Rückzug,
Misstrauen,
alles feindlich sehen
und kein Vertrauen mehr investieren,
ist keine Alternative.

Sondern nur das
Eingeständnis der
eigenen Härte und Fehler.
Schonungslos,
ohne Scheu,
aber nicht gnadenlos:

Barmherzigkeit,
auch mit sich selbst,
Barmherzigkeit, dann auch
mit anderen.

»Was krumm ist,
soll gerade werden …«,
ruft der Rufer in unsere Wüsten.

Bitten

Barmherziger und treuer Gott, wir bitten dich:

Für alle, die Lasten mit sich herumschleppen
Für alle, die in sich selbst verhärtet sind
Für alle, die niemand mehr trauen

Stille oder kurze Orgelmeditation oder Fürbittruf

Für alle, die sich selbst belügen
Für alle, die sich aus dem Weg gehen
Für alle, die sich immer irgendwie durchmogeln

Stille oder kurze Orgelmeditation oder Fürbittruf

Für alle, die Fehler zugeben können
Für alle, die sich selbst nichts vormachen
Für alle, die über ihren Schatten springen können

Stille oder kurze Orgelmeditation oder Fürbittruf

Für sie alle bitten wir dich, barmherziger und treuer Gott.
Erbarme dich aller, die krank sind an Leib oder Seele
und vollende unsere Toten,
die wir in unserer Mitte vermissen.
Behüte uns jetzt und alle Zeit, die uns gegeben ist
bis zu unserer Ewigkeit.
Amen.

Meditation

nach vorne

immer weiter
die tage halten nicht an
keine zeit steht still

wir sind unterwegs
wir sind wanderer
wir sind pilger

die erinnerungen
tragen wir
im gepäck

die schönen leicht
die dunklen schwer

wir gehen
mal schnell
mal schleppend
mit krücken
oder auch
zwei schritte auf einmal

nicht selten
in falsche richtungen

zu oft verirrt
neben den wegen

bewahre uns gott

leg straßen
durch unsere wüsten

Segensbitte

Gott, der Ewig-Treue, bewahre uns in dieser adventlichen Zeit.
Er führe uns durch unsere Versuchungen
und gebe uns Rückgrat und Stand.
Er gebe uns den Mut, nach vorne zu sehen
und bewahre uns vor allzu schlimmen Umwegen.
Er behüte und schütze uns und alle, die zu uns gehören.

Sein Licht gehe uns voran.

DRITTER ADVENT

Der Weg zum Licht

Gebet

Komm, Herr, rüttle uns auf
und stärke uns mit deinem Licht.
Wir entzünden die dritte Kerze.
Sie lasse uns hellwach sein in dieser Zeit.
Sie ermuntere uns, in der Freude dir entgegenzugehen.
Sie zeige uns den Weg hin zum großen Fest
– zur Feier deiner Menschwerdung in Jesus Christus.

Wort zur Lesung (Zef 3,14–18a)

trotzdem

wer glaubt
springt über mauern
tanzt gegen die angst
singt sich mut zu

wer glaubt
betäubt sich nicht
gibt sich nicht auf
sieht nicht alles schwarz

wer glaubt
weiß sich von gott gehalten
auch ohne antwort
auch mit seinen zweifeln

wer glaubt
lebt

Gedanken zum Evangelium (Lk 3,10–18)

Gaudete

»Freut euch im Herrn!
Noch einmal sage ich euch:
Freut euch«,
so heißt es im Philipperbrief,
im Eröffnungsvers zum 3. Advent.
Sonntag Gaudete nennt ihn die Kirche.

Es ist keine laute Freude,
kein schallendes Gelächter,
diese Freude verhallt nicht.

Sie gründet tiefer.
In Erwartung und Auftrag.

Wie heißt es bei Jesaja:
»… damit ich den Armen
eine frohe Botschaft bringe,
und alle heile,
deren Herz zerbrochen ist.«

Es gibt viele, die warten.
Die Kerzen in unseren Kirchen
erzählen davon:
Jede ihre eigene Geschichte.
Jede Flamme.
Jede einzelne.

Wie viele Geschichten
versammeln sich jede Woche
vor den Kerzen der Kirchen?
Menschen verschiedenster Art,
mit Aktentasche oder Einkaufskorb.

Meist sprechen sie nicht miteinander.
Sie zünden Kerzen an,
betrachten ihr Licht,
sind versunken in ihre Gedanken
und gehen wieder.
Manche ganz schnell.

Oft etwas getrösteter,
oft etwas hoffnungsvoller,
oft nur ein wenig ruhiger.

Manchmal auch nicht.
Wenn die Kerzen
reden könnten …

»Kommt alle zu mir,
die ihr euch müht
und unter Lasten stöhnt,
ich will euch Ruhe

verschaffen«,
spricht der Herr.

Die Kerzen erzählen davon.
In der Adventszeit besonders.

Wir sind eingetaucht
in ihr Licht.
Ein behutsames Licht.
Ein kostbares Licht.

Das Licht ist eine Erinnerung,
eine notwendige Erinnerung
an die Anfänge,
an den, der selbst das Licht ist.

An den Moment,
als Gott in die Geschichte trat
und den Menschen zu suchen begann.
Als Mensch,
als Licht in der Finsternis.

Gott hat nie damit aufgehört,
uns zu suchen.
Jeden einzelnen.
So hat man es uns versprochen.

Daran glaube ich.
Daran halte ich mich.

Das Licht spricht davon.

Es redet nicht zu unseren Köpfen,
nicht zu unserem Verstand,
es spricht seine eigene Sprache.

Die Alten wussten davon.
Wie im großen Glaubensbekenntnis:
»... Gott von Gott,
Licht von Licht,
wahrer Gott von wahrem Gott ...«
So heißt es über
den Menschensohn.

Johannes wusste,
dass er es nicht war.
Niemand glänzt aus sich selbst.
Johannes wusste das noch.
Er gab Zeugnis ab für das Licht,
er zeigte den Weg zum Licht
und ließ es selbst wirken.

Wir verkündigen uns nicht selbst,
nicht unsere Programme
und tollen Entwürfe,
nicht unser Gemeindeleben
oder Gottesdienstzahlen.

Nicht unsere Worte.

Sondern sein Licht.

Das geht leise,
behutsam,

so wie man Acht geben muss,
wenn man ein Licht durch
die Straßen bringt.

Es zeigt sich in unseren Gesichtern.
Sie glänzen dann auf eigene Weise,
wenn sie sich im Licht einer Kerze
spiegeln.

Sie verraten immer,
woran wir glauben.
Worauf wir vertrauen.
Woran wir uns freuen.

Die Botschaft dieser Kerzen
ist mehr als nur Romantik.
Kerzen heilen,
ermuntern
und stärken,
tun schlicht gut.

Ich lege alles in sie,
was mich bewegt,
worüber ich mich freue,
was ich erbitte.
Sie erinnern mich,
das zu tun, was mir möglich ist.

»Mache dich auf und werde licht«,
heißt es in einem adventlichen Lied,
und:
»Christus wird dein Licht sein.«

Bitten

Zu Gott, dem Ursprung und Ziel unseres Lebens, beten wir:

Für alle, die sich über nichts mehr freuen können
Für alle, die immer nur mit dem Schlimmsten rechnen
Für alle, denen das Leben zuviel Niederlagen zugemutet hat

Stille oder kurze Orgelmeditation oder Fürbittruf

Für alle, die wir gerne um uns haben
Für alle, die in sich selbst ruhen
Für alle, die uns auf ihre Weise durch Musik, Farben und Spiel vom Leben erzählen

Stille oder kurze Orgelmeditation oder Fürbittruf

Für alle, die wir in unserer Nähe vermissen
Für alle Opfer von Unfällen, Naturkatastrophen, Krieg und Gewalt
Für alle, um die niemand trauert

Stille oder kurze Orgelmeditation oder Fürbittruf

Für sie alle und in unseren ganz persönlichen Sorgen und Anliegen bitten wir dich, barmherziger Gott.
Wir preisen deinen Namen in dieser adventlichen Zeit und alle Tage unsere Lebens bis zu unserer Ewigkeit.
Amen.

Meditation

mittendrin

er hat nie gelacht

die evangelisten
erzählen nicht
eine geschichte
von einem
lachenden jesus

leider

die vertrockneten
die miesepetrigen
die nur todernsten
haben daraus kapital
geschlagen

das christentum
ist eine ernste sache
sagen sie
und legen die
stirn in falten

ich lese
zwischen den zeilen

sehe jesus
zwischen seinen freunden
am see

unterwegs
bei der hochzeit von kana
bei anderen festen

mittendrin
mitten im leben

Segensbitte

Der Gott des Lebens sei mit uns, dort, wo wir leben.
Er schütze uns auf unseren Straßen und Wegen
und gebe uns Rückenwind bei unseren Plänen und Ideen.
Er lasse uns bisweilen unser Leben tanzen, mal schnell,
mal Schritt für Schritt.
Er schenke uns Leichtigkeit und Lebenslust,
aber auch das Gespür, hellwach zu sein, wenn es auf uns ankommt.

Sein Licht gehe uns voran.

VIERTER ADVENT

Botschafter Gottes

Gebet

Komm, Herr, durchbrich das Dunkel
und stärke uns mit deinem Licht.
Wir entzünden die vierte Kerze.
Sie kündigt die große Botschaft an,
die wir voll Freude erwarten,
und führt uns zur Krippe.
Sie stärke unser Beten und Sehnen
und bereite uns den Weg hin zum großen Fest
– zur Feier deiner Menschwerdung in Jesus Christus.

Wort zur Lesung (Mi 5,1–4a)

betlehem

du kleine stadt

nach der großen geburt
trotzdem nicht in der ersten reihe
nicht im vordergrund
trotz aller pilger

heute in traurigen schlagzeilen
immer wieder

nicht wegen
IHM
dem krippenkind

sondern
wegen der verwundeten verheißung:

»er wird der friede sein«

Gedanken zum Evangelium (Lk 1,39–47)

Nachricht

Es gibt auch gute Nachrichten,
die hauen einen um.

Eine selten-schöne:
die berühmten sechs Richtigen im Lotto,
selbst fünf sind je nach Quote auch ganz schön.
Irgendwie wird man es erst gar nicht glauben,
da muss sich doch jemand geirrt haben,
das kann doch nicht wahr sein.

Man muss es sich immer wieder sagen lassen,
man wird immer wieder den Schein überprüfen
bis hin zur amtlichen Gewissheit.

Andere lassen einen wohl eher
die Fassung bewahren,
aber sind auch »nicht ohne«:

Sternstunden,
wie Examensabschluss,
Führerscheinprüfung,
Geburt des ersten Kindes,
die langersehnte Zusage nach endlosen Bewerbungen.
Es passieren halt zwischendurch doch immer wieder Dinge,
die wirklich gute Nachrichten sind,
die uns das Herz höher schlagen lassen.

Aber dann gibt es auch das andere.
Die Nachrichten, auf die man
so sehr verzichten könnte,
und die man gerne überhören würde:
der Brief mit der Kündigung,
die Freundin, die am Telefon sagt,
dass jetzt endgültig Schluss sei,
der entmutigende Bericht vom Arzt.
Oder die Polizeibeamten vor der Tür,
die betreten unter sich schauen,
weil sie das Schlimmste zu überbringen haben.

Nachrichten,
die wie der Blitz einschlagen,
und man meint:
Welt halte still,
es kann einfach nicht mehr weitergehen.
Alles verliert von einem Moment
auf den anderen seinen Sinn.

Es gibt diese Momente,
die auf einmal alles verändern.
Positiv oder negativ.

Die Gefahr ist leicht,
dass man aus der Bahn gerissen wird.
Entweder, weil man
vor lauter Glück den Boden verliert,
oder weil vor lauter Schmerz
der Boden unter mir zu brechen beginnt.

Was hält mich so oder so?
Was bewahrt mich davor, übermütig zu werden,
und was davor, endgültig zu verzweifeln?

Das Evangelium deutet eine Richtung an.
Das Vorbild ist unerreichbar,
aber ein wenig von dem Urvertrauen,
das Maria symbolisiert,
kann jeden im Gleichgewicht halten.

»Selig ist die,
die geglaubt hat,
dass sich erfüllt,
was der Herr ihr sagen ließ.«

Maria hat unvergleichbar,
mit Leib und Seele, erlebt,
was es heißt,
dass Gott zu uns gekommen ist,
und in uns lebt,
uns verändert,
verwandelt und erfüllt.

Mit dem Himmel verbunden,
war sie frei in der Welt,

der Faden riss nie,
auch in den schwersten Stunden nicht.

Diese innere Kraft
erbitten und feiern wir
in der anstehenden Christnacht.
Und hoffen,
dass wir daraus leben können im neuen Jahr:
dass wir noch mehr zur Mitte finden.
Und in ihr ruhen,
trotz aller Stürme,
die uns zugemutet werden.

»Tröstet, tröstet mein Volk«,
so spricht Gott durch den Propheten
in unser Leben und unser Warten.
Vielleicht wird man das nicht immer glauben können.
Jedenfalls nicht immer gleich.

Manchmal braucht es dann Menschen,
die es stellvertretend können und tun.
Die für andere mit glauben,
die noch im Dunkel sind.
Deren Glaube und Zuversicht
denen hilft, die nicht mehr hoffen:
die verwundet sind von Schlägen,
die das Leben selbst austeilt,
– so unfair oft,
die keine Kraft mehr haben, selbst zu hoffen.

Manchmal braucht es dann Menschen,
die auf ihre Weise besondere Botschafter Gottes sind.

Mit Stimme,
Schulter und Gesicht.
Mit unaufdringlicher Nähe.
Die aufsuchen und aushalten.
Die vom Leben erzählen,
auch wenn wieder einmal
vieles dagegen spricht.
Die behutsam von Gott sprechen.
Von ihm,
der in Jesus Christus
als Mensch berührbar
war und ist.

Manchmal braucht es dann Menschen,
die Briefe Gottes sind.

Bitten

Zu Gott, dem Ewigen, dem Herrn des Lebens, beten wir:

Für alle, die an nichts mehr glauben
Für alle, die sich eigene Götter erschaffen
Für alle, die alles mit sich allein ausmachen

Stille oder kurze Orgelmeditation oder Fürbittruf

Für alle, auf deren Besuch man sich freut
Für alle, die zuhören können und an die man sich anlehnen kann
Für alle, bei denen man sich nicht zu verstellen braucht

Stille oder kurze Orgelmeditation oder Fürbittruf

Für alle, die ein Kind erwarten
Für alle, die lange vergeblich darauf gehofft haben
Für alle, die um ein Kind trauern müssen

Gott, Barmherziger, wir bitten dich und preisen dich in dieser adventlichen Zeit.
Höre unsere Bitten und all das, was wir nicht in Worte bringen können.
Stärke uns mit deiner Nähe, jetzt und alle Tage bis zu unserer Ewigkeit.
Amen.

Meditation

… unter die haut

füße hoch
und kerze an
advent, advent, advent

schönes licht
tolle kerzen
zimtduft …

die welt ist schön
ohne nachrichten

augen zu
lametta drüber
füße hoch und kerze an
heißa bald ist weihnachtstag

rex gentium
könig der völker
ruft die kirche
zwei tage vorm fest
schreit sie

wo bist du?

nein, nicht solche fragen stellen
jetzt nicht, spielverderber!
kauf lieber spekulatius

aber sie sind da, die bilder
wir haben versucht, uns loszureißen
aber sie haben uns nicht losgelassen

gottvergessene
gottverlassene Welt

die Welt gleitet
durch unsere hände

bomben fliegen
flüchtlinge fallen auf ihrem weg
wie wasser gleitet das
durch unsere finger

menschen, zerstört
durch hass
und einsamkeit

gott hat uns die welt
in die hände gegeben
und sie ist uns in die hände gefallen

tänze vor goldenen börsenkälbern
militärgeschäfte
seit dem 11. september mit gutem gewissen

was stand noch mal auf
dem fax aus israel?

»in diese welt
diese verrückte herberge
kommt christus ohne einladung«

wird mensch

hilf uns, gott
denn unser glaube ist klein
hilf, gott
denn unsere phantasie
reicht nicht weit genug

unsere hände sind zu geballt
unsere herzen sind zu verfettet
unsere augen sind zu verheult

hilf uns
zu sein, wer wir sein sollen

fahr uns in die knochen
geh uns unter die haut

Segensbitte

Der Gott allen Trostes,
der Gott aller Verheißungen,
der lebendige Gott geleite uns auf unseren Wegen.
Er stärke unsere Hoffnung und überrasche uns immer wieder
mit seiner Gegenwart.
Er mische sich immer wieder ein in unser Leben
und lasse uns seine Sprache erkennen.
Er zeige uns die Richtung, ihn zu suchen und zu finden.

Sein Licht gehe uns voran.

WEIHNACHTEN (I)

Euch ist der Retter geboren

Gebet

Du Licht, das alle Dunkelheit durchbricht,
erfülle uns mit deiner Kraft.
Nimm von uns alle Trauer und Angst,
alles Zaudern und Zweifeln,
belebe unseren Glauben.
Lass uns jubeln über deine rettende Tat,
deine Ankunft in deiner Welt,
deine Geburt unter den Niedrigsten der Niedrigen.
Du Heiland aller Menschen,
segne uns an diesem Fest
und hilf uns, Mensch zu werden nach deinem Bild.

Meditation zur Lesung (Jes 9,1–6)

sieben namen

mit sieben Namen
preist die kirche den herrn
in den letzten tagen vor weihnachten
die antwort auf die alten verheißungen:
oh sapientia, weisheit, die zeigt, was nötig ist
oh adonai, herr, der uns den weg führt
oh radix jesse, wurzel, aus der alles wird

oh clavis david, schlüssel, der unsere träume deutet
oh oriens, aufgang, glanz des ewigen lichtes,
oh rex gentium, könig, vor dem alle ein volk sind
oh immanuel, gott mit uns

du licht wider all unsere dunkelheiten

Gedanken zum Evangelium (Lk 2,1–14)

Die Mitte

In seinem Roman
»Der Tod und ich, wir zwei«
beschreibt Arnold Stadler,
wie in einem eleganten deutschen Seniorenheim,
einem Wohnstift,
Weihnachten gefeiert werden soll.
Da das Haus »weltanschaulich neutral« ist,
d.h. also keine Kapelle hat,
(dafür aber eine Filiale einer großen deutschen Bank)
kann man sich nicht
auf ein gemeinsames Weihnachtslied verständigen.
Nicht einmal »Leise rieselt der Schnee« ist möglich,
da ja bekanntlich in der dritten Strophe das »Christkind« auftaucht.
Schließlich einigt man sich auf »Oh Tannenbaum«.
Das ist weltanschaulich neutral und allgemein bekannt,
also können es alle mitsingen.
Punkt
und ohne Kommentar.

»O Tannenbaum«
singen auch Christen,
zu Hause,
aber nicht in großen Gottesdiensten dieser Tage.
Wir feiern Größeres.

Nichts gegen diese alten Lieder,
gar nichts,
Weihnachten ist ein Fest der Stimmungen,
der Gefühle, der Romantik,
alles dessen, was im Alltag so schnell untergeht.
Es gibt eine Sehnsucht,
die sich an Weihnachten immer wieder zeigt,
sich Bahn bricht.
Auch bei den Menschen,
die das Wort Liebe oder Gefühl als Wort ungern
oder überhaupt nicht in den Mund nehmen.
Und wenn Härten aufgebrochen werden –
und sei es nur für Stunden oder Tage … gut so!
Aber das ist nicht das Ziel.

Das sind Etappen auf dem Weg nach Betlehem,
Voraussetzungen, das zu hören,
was uns in dieser Nacht gesagt,
verkündet wird und was eben nicht allein mit dem Kopf,
mit einem Ja der nüchternen Zustimmung begriffen werden kann:

»Fürchtet euch nicht,
denn ich verkünde euch eine große Freude.
Heute ist euch in der Stadt Davids der Retter geboren.
Er ist der Messias, der Herr.«
Das ist die Mitte.

Das ist die Botschaft dieser Nacht.
Gott sucht den Menschen
und wird selbst Mensch unter Menschen.
Das predigt uns das Bild der Krippe.
Seit 2000 Jahren.
Gott kommt an auf seine Weise.
Rettet von unten.

In einer Inschrift in Prienne in Kleinasien,
heute auf dem Gebiet der Türkei,
wurde der Satz gefunden:
»Gott von Gott,
wahrer Gott vom wahren Gott.«
Wir kennen diesen Satz aus dem großen Glaubensbekenntnis.
Aber diese konkrete Inschrift
beschreibt etwas, was vor Christi Geburt stattgefunden hat:
die Vergöttlichung des römischen Kaisers Augustus.
Die Absolutierung menschlicher Macht und weltlicher Herrschaft.
Oktavian als göttlicher Augustus.
»Gott von Gott,
wahrer Gott vom wahren Gott.«

Dass später die gleiche Formel auf Jesus von Nazaret,
den Zimmermann,
den Sohn Gottes, übertragen wurde,
ins Credo der Kirche aufgenommen wurde
und bis heute gebetet wird,
ist und bleibt explosiv.

Denn:
Damit werden die Positionen endgültig klargestellt.
Für immer.

Niemand ist Gott außer Gott selbst.
Und zu dessen Volk gehöre ich.
Bei aller Einbindung,
der ich als Bürger verpflichtet bin oder sein muss,
kann ich mir jedoch immer bewusst machen,
dass es mehr als das gibt.
Meine Identität kommt nicht zuerst vom Staat.
Wichtiger als mein Pass
und mein nun mal zufälliges Deutsch-Sein ist mir,
dass ich zum Volk Gottes gehöre.
Grenzüberschreitend,
sprachverbindend,
multikulturell.
Eine kostbare Funktion von Weltkirche.

In dieser weltweiten Bindung
und mit dieser weltweiten Stärkung,
haben wir als Christen
den Auftrag,
den Mund aufzumachen
gegen alle Sprüche, Hasstiraden
und Verletzungen der Menschenrechte.
Und Heimat zu sein für die,
denen man nicht zuhört.

Christ-Sein heißt nicht:
keinen Fehler machen,
um ohne Anzuecken in den Himmel zu kommen.

»Der Retter ist geboren,
der Messias, der Herr.«
So hieß es im Evangelium.

Messias,
im Griechischen heißt es:
»der Christus, der Gesalbte« –
diese Bezeichnung kannte man
aus der eigenen Glaubensgeschichte.
Sie wendete sich an den eigenen Umkreis,
an die konkreten Menschen damals.
Retter und Herr sind Begriffe,
die den Bogen weiter spannen.
Die ganze Welt ist gemeint.

»Geht zu allen Völkern«,
heißt es am Schluss des Matthäusevangeliums,
das heißt:
zu allen Menschen.
Niemand ist ausgegrenzt.
Ihr alle seid gemeint.
Ihr, die ihr in den Gemeinden Verantwortung tragt
und zu Hause seid,
ihr, die ihr am Rande von ihnen lebt,
die ihr enttäuscht wurdet,
die ihr glaubt, nicht alle Voraussetzungen zu erfüllen,
die ihr auch von Christen schief angesehen seid.

Euch allen ist der Retter geboren.

Bitten

Im Licht von Weihnachten beten wir zu unserem menschgewordenen Herrn Jesus Christus:

Für alle, die uns durchatmen und leben lassen,
die uns Mitmensch und Engel sind
Für alle, die sich auf ihre Weise mühen,
anderen frohe Festtage zu ermöglichen
Für alle, die es an diesen Tagen schwer haben,
die froh sind, wenn Weihnachten vorüber ist

Orgelmeditation, kurze Stille, Anzünden einer Kerze und/oder Kyrieruf

Für alle, die in ihrer Sprache und Konfession in dieser Nacht
die Geburt Christi feiern
Für die jüdischen und muslimischen Gemeinden in unserem Land
Für alle, die auf ihre Weise nach dem Geheimnis suchen,
das wir Gott nennen

Orgelmeditation, kurze Stille, Anzünden einer Kerze und/oder Kyrieruf

Für alle, die in unserer Gemeinde N.N. groß geworden sind
Für alle, die auf verschiedenste Weise in unseren Gemeinden
Verantwortung übernommen haben
Für alle, die heute Abend hier sind oder mit uns auf verschiedenste
Weise verbunden sind

Orgelmeditation, kurze Stille, Anzünden einer Kerze und/oder Kyrieruf

Für alle, die schnell mit hartem Urteil zur Hand sind
Für alle, die für alles und jeden eine Schublade haben

Für alle allein erziehenden Frauen und Männer, für ihre Kinder,
für alle, die im Chaos ihrer Beziehungen einen gehbaren Weg suchen

Orgelmeditation, kurze Stille, Anzünden einer Kerze und/oder Kyrieruf

Für alle, die sich um den Frieden im Nahen Osten mühen
Für alle, die sich für »Adveniat« und »Brot für die Welt« einsetzen
Für alle, die unermüdlich Wunden heilen, die andere schlagen

Orgelmeditation, kurze Stille, Anzünden einer Kerze und/oder Kyrieruf

Für alle Opfer von Naturkatastrophen, Krieg und Gewalt
Für alle Opfer von technischem und menschlichem Versagen
Für alle Ohnmächtigen und Namenlosen, deren Menschenrechte mit Füßen getreten werden

Orgelmeditation, kurze Stille, Anzünden einer Kerze und/oder Kyrieruf

Herr Jesus Christus, Immanuel, Gott mit uns.
Erhalte uns deine Treue und stärke unsere Versuche, Mensch zu werden nach deinem Bild. Sei du Halt und Kraft unserer Kranken und endgültige Heimat unserer Verstorbenen. Begleite uns auf unseren Wegen und Umwegen. Jetzt an Weihnachten und alle Tage unseres Lebens, bis hin zu unserer Ewigkeit.
Amen.

Meditation

mittendrin

gott fährt in die knochen
geht unter die haut
wird mensch

unter
unauffälligen
und schrillen
musterfamilien und
beziehungschaoten

heiligen
und teufeln
asketen
und huren
bankiers
und müllmännern
herzlich fröhlichen
und abgrundtief traurigen

glaubenden
und zweiflern

leg dein licht an
wie ein kleid
such dich
durch die nacht

du wirst gefunden

Segen

Gott, der Ewige,
der in Jesus Christus Mensch geworden ist,
erfülle euch mit der Freude über eure Erlösung.
Er behüte euch und alle,
mit denen ihr in diesen Tagen besonders verbunden seid.
Er segne und stärke euch auf euren so verschiedenen Wegen
und lasse euch mutig immer mehr Christ werden –
mit dem Rückenwind Jesu, dem Heil der Welt.

Sein Licht gehe euch voran.

WEIHNACHTEN (II)

Heruntergekommen

Gebet

Die Hirten schauen und staunen –
Herr, Ziel unserer Sehnsucht, erbarme dich unser.
Die Hirten bleiben und glauben –
Christus, Antwort aller Verheißungen, erbarme dich unser.
Die Hirten bewahren und erzählen –
Herr, Kraft unseres Lebens, erbarme dich unser.

Meditation zur Lesung (Tit 3,4–7)

das wort

vom ende der welt
bis an die enden der welt
vom unbedeutensten fleck
bis in die zentren der macht
von der enge
bis an die grenzen

das wort von der rettung

Gedanken zum Evangelium (Lk 2,15–20)

Heruntergekommen

Im Sonntagsanzug
geht man normalerweise
nicht in einen Stall.
Denn da riecht es nicht nur
nach duftendem Heu,
sondern nach …
Keine Details!

Aber genau dorthin
werden wir gebeten.
Seit nun rund zweitausend Jahren
feiern wir Christen eine Geburt,
und die fand nun mal in einem Stall statt.
Und zwar in einem von der einfachsten Sorte.
So erzählt uns die alte,
lieb gewordene Tradition.

Mittlerweile ist dieser Stall
renoviert und gestylt,
so dass sich in ihm gut
und angenehm das große Fest feiern lässt.
Die meisten,
vielleicht mit Ausnahme der Weihnachtsgänse,
lieben »Oh du fröhliche« und die »Stille Nacht«.
Weihnachten streichelt halt die härteste Seele,
und wenn es bei Tannengrün und Spritzgebäck
so richtig warm ums Herz wird,
dann ist's schon recht.

Gott wird nichts dagegen haben.
Menschen mit Gefühl waren ihm
schon immer näher,
als die es selbst möglicherweise ahnten.

Trotzdem will Gott,
dass wir den ursprünglichen Stallgeruch
in der Nase behalten.
Und der ist nicht vom Allerfeinsten.
Gott ist, wie es der Dichter Wilhelm Bruners einmal formuliert hat,
wirklich »heruntergekommen«.
Gott, der Allmächtige, hat sich klein und verwundbar gemacht.
Er, der Herr des Kosmos,
ist Mensch geworden auf eine Weise,
die niemand erwartet hätte.

Das Bild vom Stall ist kein Zufall,
sondern ein Symbol für Gottes überraschende Weise
Mensch zu werden.
Mit Leidenschaft sagt er uns damit:
Nichts und niemand ist zu klein oder zu unbedeutend,
um von Gott nicht gekannt zu sein.

»Hier liegt vor deiner Majestät im Staub die Christenschar«,
so hieß es früher in einem alten katholischen Lied,
dass die Kirche aus ihrem Gesangbuch gestrichen hat.
Es sollte zum Ausdruck bringen,
welche Ehrfurcht Gott, dem Allmächtigen, gebührt.
Aber Gott die Ehre zu geben,
das hat nichts mit unterdrückender Erniedrigung zu tun.
Gott hat sich selbst in den Staub gelegt,
ist Mensch geworden, mit allem, was dazu gehört.

Das gibt mir das Vertrauen,
mich nicht vor ihm klein machen zu müssen.

Im zweiten Hochgebet der Messe
heißt es an einer Stelle:
»Wir danken dir,
dass du uns berufen hast,
vor dir zu stehen und dir zu dienen.«
Ein wunderbares Wort.
»Stehen« vor Gott hat viel mit eigener Würde zu tun,
heißt vor ihm keine Angst haben zu müssen.
Das heißt auch,
dass ich mich mit allem, was ich bin
vor ihm nicht schämen muss.
Gott hält mich aus.
Mehr als ich mich selber.

Das ist natürlich immer leichter gesagt als geglaubt.
Jedenfalls für mich.
Deswegen sage ich mir das immer wieder,
oder lass es mir sagen:
Gott hält mich aus.
Wenn ich das kapiere
– langsam, jeder hat seine Zeit –,
dann wächst meine Ehrfurcht vor Gott,
wird tiefer und bleibender.

Gott ist Mensch geworden.
Nicht zum Spiel
und ohne Kompromisse.
Er weiß, was das heißt,
Mensch zu werden.

Und deshalb kann ich es mir nicht anders vorstellen,
als dass er auch dann zu mir steht,
wenn ich nicht seinem Idealbild entspreche.

Ich bin sicher,
dass Gott von jedem Menschen eine Idee hat,
wie er werden soll.
Wie er all das,
was Gott an Möglichkeiten und Talenten in ihn gelegt hat,
am besten nützen könnte.
Und dass unser Leben darin besteht,
dieser Idee ähnlich zu werden.
Dazu hat Gott uns das wunderbarste
und gleichzeitig gefährlichste all seiner Geschenke gegeben:
unsere Freiheit.
Gott hat eine Idee von mir
und will,
dass ich mit den Farben, die er in mir angelegt hat,
mein Lebensbild gestalte,
aber dabei auch niemals eines vergesse
– und das kann ich mir auch immer wieder sagen –,
vollenden wird es Gott selbst.
Er hat uns geschaffen nach seinem Ebenbild,
und das ist das einzige Bild, das wir von Gott haben.
Geschaffen als Mann und Frau sind wir sein Bild.
Und darin liegt unsere Würde
und die aller Menschen.

Gott hat sich eingelassen in unsere Welt
und ernst gemacht mit seiner Liebe zu jedem Einzelnen.
Jesus Christus, sein Sohn, unser Bruder und Herr,
ist der Mensch in Vollendung.

Ohne Berührungsängste.
In ihm hat Gott uns klar gemacht,
was er unter Leben versteht.
Durch ihn hat Gott auch in die Augen derer geschaut,
auf die man schon damals mit Fingern gezeigt hat.
Hat sich im wahrsten Sinne berühren lassen.

Weihnachten erinnert mich daran,
dass der im Stall Geborene
auch heute an die »Hecken und Zäune« der Kirche drängt,
und in mein Leben:

»Siehe ich bin da.«
Das ist seine Botschaft.
Das genügt.

Bitte

Herr, Jesus Christus, unser Erlöser und Heiland,
wir kommen zur Krippe
und bitten dich für alle,
die in den Ställen der Welt leben,
ohne Lametta
und ohne Ochs und Esel.
So viele sind es,
die nicht wissen,
wie sie über den Tag kommen,
die nicht wissen,
wie sie ihre Kinder ernähren können,
die sich fürchten vor Krankheiten,

vor denen sie sich nicht schützen können.
So viele sind es,
die sterben,
weil die Medikamente zu teuer sind,
weil ihr Schicksal niemand mehr berührt.

Herr, Jesus Christus, unser Erlöser und Heiland,
wir kommen zur Krippe
und bitten dich für alle,
die in den Gefängnissen
mit sich selbst konfrontiert sind:
mit ihrer Schuld
und ihren eigenen Wunden,
mit ihrem Hass
und ihren vergrabenen Sehnsüchten,
mit ihrem Kampf,
um Reue und Stolz.
Und ihrem Scheitern.
Mit dem Bild ihrer Opfer
und aller, deren Leben zerstört wurde.

Herr, Jesus Christus, unser Erlöser und Heiland,
wir kommen zur Krippe
und bitten dich für alle,
die ihre Macht missbrauchen.
Durchkreuze ihre Gedanken
und Entscheidungen
und brich ihre Härten auf.
Entwaffne die Kriegstreiber
und entlarve die Wortheuchler,
nimm ihnen die Masken vom Gesicht.
Führe sie zurück

und lass sie zu Menschen werden,
die ihren Namen neu erkennen.
Lass alle umkehren, die sich verrannt haben.

Auch uns, die wir jetzt beten.
Erlöse und stärke uns und alle,
die es nötig haben.
Wie auch immer.

Meditation

hirten

mit der ruhe der hirten
rette ich mich
aus meinem tempo

mit dem schweigen der hirten
rette ich mich
aus meinen phrasen

mit dem staunen der hirten
rette ich mich
von mir selbst

werde gerettet
von DEM
den sie suchten

Segen

Gott segne und führe euch
durch alle Höhen und Tiefen eures Lebens.
Er bewahre euch vor Übermut bei euren Siegen und Erfolgen
und sei mit euch, wenn das Leben euch zu Boden wirft.
Er sei euch Hirte und Halt auf all euren Wegen.

Sein Licht gehe euch voran.

WEIHNACHTEN (III)

Gott hat sein Wort in die Welt hinein gesagt

Gebet

Ewiger Gott,
in Jesus Christus feiern wir
die Kraft deines Wortes.
Es lebt in uns, wenn wir es wollen.
Es verändert uns, wenn wir es zulassen.
Es erlöst uns vom Kreisen um uns selbst.

Hilf uns, zu sein, wer wir sein sollen,
unterbrich den lustlosen Tanz ums Ich,
befreie uns von uns selbst.

Zeig uns, was Leben heißen kann,
wenn wir die Regeln auf den Kopf stellen:
wenn wir geben, statt zu fordern,
wenn wir verzeihen, statt zu urteilen,
wenn wir lieben, statt zu taktieren.

Meditation zur Lesung (Jes 52,7–10)

friedensbote

zwei sätze finde ich
der eine

frieden ist:
wenn einem kind nichts
mehr beim wort »feind«
einfällt

das lese ich
und merke es mir
als utopie und ansporn

der andere satz
lässt keinen ausweg:

was kann ich für den frieden tun?
fragte jemand franz von sales
und der heilige antwortete:
schlagen sie die tür nicht so laut zu

so fängt es an

Gedanken zum Evangelium (Joh 1,1–18)

Staunen

Ein halbes Jahrhundert war Allan Sandage
dem Alter des Universums auf der Spur.
Vor etwa 15 Milliarden Jahren,
so hat der Forscher schließlich
aus dem Licht der Sterne errechnet,
fing der – wie er mal sagte –
»ganze Schlamassel« an.
Mister Cosmology nennen die Astronomen
den großen Senior ihrer Zunft.
Ein Schwärmgeist
ist der exakte Wissenschaftler nicht.
Fakten, Ergebnisse zählen für ihn.
Vor einigen Jahren legte der weißhaarige Gelehrte
und Ex-Atheist ein überraschendes Glaubensbekenntnis ab.
»Die Erforschung des Universums hat mir gezeigt«,
so verkündete Sandage,
»dass die Existenz von Materie ein Wunder ist,
dass sich nur übernatürlich erklären lässt.«

Oder Charles Townes:
1964 erhielt er für die Entwicklung
des Lasers den Physik-Nobelpreis.
Heute sagt er:
»Bei den Gesetzen des Universums
ist ein intelligentes Wesen am Werk.«

Oder:
Als der Projektleiter des Nasasatellits »Cobe«
die kosmische Temperaturkarte,
gleichsam das Jugendphoto des Universums,
in den Händen hielt,
bekreuzigte er sich.
»Wenn du wie ich ein religiöser Mensch bist«,
entfuhr es dem amerikanischen Astrophysiker,
»hast du das Gefühl, du blickst auf Gott.«

Drei Zitate.
Man kann natürlich jetzt darüber spekulieren,
was diese Wissenschaftler
z. B. mit »intelligentem Wesen« meinen.
Über 40% der amerikanischen Forscher
glauben zwar an einen persönlichen Gott,
trotzdem sind die Bilder und Vorstellungen darüber
sehr, sehr unterschiedlich.

Trotzdem:
Diese Bekenntnisse sind gute Nachrichten.
Sie dämpfen ein wenig den leisen Zweifel,
der auch in den stärksten Glaubensstunden mitschwingt.
Kann das wirklich wahr sein,
dass dieser unendliche Kosmos, all dies,
was wir langsam mit unserem Verstand ergründen,
und all das, was immer noch im Nebel bleibt,
wirklich auf einen Gott zurückgeht?
Ist das nicht alles nur Flucht und Selbstberuhigung?

Die früheste Erinnerung,
die ich habe, ist, dass ich meine Mutter mit der Frage nervte,
wo denn da oben am Himmel,
im Weltall, die Grenze sei.
Irgendwo müsse doch mal Schluss sein,
eine Wand oder irgend so was.
Ihre Antwort: »Es gibt da keine«,
hat mich nicht zufrieden gestellt.
Diese Unendlichkeit kann ich einfach nicht denken.
Die Vorstellung, dass sich alles grenzenlos ausdehnt,
dass unsere Welt vielleicht nur ein Universum unter vielen ist,
diese Vorstellung sprengt mein armes Hirn.
Aber ich suche und frage trotzdem immer wieder
und gebe mich einfach nicht zufrieden.
Und das wird wahrscheinlich auch so bleiben.
Das ist die Sehnsucht.
Der Teil in jedem Menschen,
der über ihn hinausweist,
der uns zeigt, dass da eine Kraft ist,
die uns mit der anderen Welt verbindet.
Mit der Lösung aller Rätsel.

Was ich jetzt kapieren sollte, ist,
dass ich gar nicht alles kapieren brauche.
Es gibt Überraschungen und Geheimnisse,
die wir getrost und gelassen Gott überlassen sollten.
Er wird sie uns enthüllen
in dem Zustand, den wir Himmel
oder Ewigkeit nennen.
In dieser endgültigen Welt,
in der er sich uns später selbst zeigen wird.
Jetzt sendet er uns Zeichen

und Ermutigungen in die jetzige Welt.
Damit wir sie, so weit wir es können, bestehen.
Und hoffentlich nicht nur bestehen oder überstehen,
sondern möglichst gerne und in Fülle in ihr leben.
Mit unserem Licht und unserem Dunkel,
mit unseren Höhen und Tiefen.

Wenn ich ehrlich bin,
dann haben mich immer mehr
die Menschen im Glauben ermutigt und gestärkt,
die auf Umwegen oder durch die Kämpfe
ihrer eigenen Biographie
zum Glauben gekommen sind.
Das Wort dieser so nüchternen Wissenschaftler
ist für mich so eine Ermutigung.
Ein leises Augenzwinkern Gottes.
»Ich bin doch da.«

Einmal war er es auf ganz besondere Weise.
Einmal war er da in einem Wort aus Fleisch und Blut,
mit Augen und Händen,
mit allem, was zu einem Menschen gehört.
Wenn ich den Blick in den Sternenhimmel hebe,
wenn ich die Berichte der Wissenschaftler über den Kosmos lese,
dann wird mein Staunen umso größer.
Dieser unendliche und allmächtige Gott steigt herab.
In eine armselige Krippe.
Wird geboren in einfachsten Verhältnissen.
Fängt ganz von unten an.
Wird uns allen ähnlich.
Es gibt nichts mehr,
wirklich nichts, was er nicht selbst erfahren hat.

Am eigenen Leib.
Gott weiß, was es heißen kann,
Mensch zu werden und zu sein.
Und deshalb ist er uns wahrscheinlich näher,
als wir uns selbst.

Gott kennt jedes einzelne Leben,
und auch, wenn ich mir oft wünsche,
er wäre deutlicher mit seinen Zeichen,
von einem bin ich fest überzeugt:
Er steht zu uns.
Nach seinem Bild hat er uns gewollt und geschaffen.
Und in jeden von uns Menschen hat er sein Bild gelegt.
Es soll ihm helfen,
jetzt sein eigenes zu finden
und zu entdecken,
es ans Licht zu bringen und auszuleben.
Ein Bild, das nur ihm zugedacht ist,
und das sein Wesen ausmacht.
Unverwechselbar, ursprünglich.
Es mag verstellt sein,
verdeckt oder gar gefesselt,
es ist da.

Gott klont nicht den Menschen
und selbst, wenn wir es schaffen sollten,
den Bausatz Mensch biologisch zu reproduzieren,
– die Seele, das Bild, das Wesen
wird nur Gott allein in diesen Menschen legen.
Er, der unverwechselbar und einmalig Mensch geworden ist,
will das auch für alle.
Das ist die Botschaft von Weihnachten.

Uns allen, die wir jetzt Weihnachten feiern,
in den Kirchen überall auf der Welt,
in den verschiedenen Konfessionen und Gemeinschaften,
ob wir Menschen um uns haben
oder allein eigenen Erinnerungen nachhängen.
Allen, die jetzt sind,
und allen, die einst waren,
und allen, die einst sein werden,
gilt das, was Karl Rahner
einmal zu Weihnachten gesagt hat:

»Gott hat sein letztes,
sein tiefstes,
sein schönstes Wort in die Welt hinein gesagt,
ein Wort, das nicht mehr rückgängig gemacht werden kann.
Und dies Wort heißt:
Ich liebe dich,
du Welt und du Mensch.«

Bitten

Zu unserem Herrn und Erlöser Jesus Christus beten wir:

Für alle, die in diesen Tagen wieder vergeblich auf Besuch gewartet haben
Für alle, die sich vor ihren Erinnerungen fürchten
Für alle, die froh sind, wenn Weihnachten vorbei ist

Orgelmeditation, kurze Stille, Anzünden einer Kerze und/oder Kyrieruf

Für alle, die Alleinstehenden eine gute Weihnacht bereiten
Für alle, die über die Festtage in Altersheimen und Krankenhäusern Dienst tun
Für alle, die als TelefonseelsorgerInnen zuhören

Orgelmeditation, kurze Stille, Anzünden einer Kerze und/oder Kyrieruf

Für alle, die einen sozialen Beruf ergreifen wollen
Für alle, die sich für einen Zivildienst entschieden haben
Für alle, die in verschiedensten Hilfsorganisationen Wunden heilen, die andere schlagen

Orgelmeditation, kurze Stille, Anzünden einer Kerze und/oder Kyrieruf

Für alle, die die Geheimnisse der Schöpfung erforschen
Für alle, die sich dabei ihrer Verantwortung bewusst sind
Für alle, die immer noch staunen können

Orgelmeditation, kurze Stille, Anzünden einer Kerze und/oder Kyrieruf

Für alle, die mit dem Wort umgehen
Für alle, die durch ihre Redebegabung Einfluss ausüben
Für alle, die uns durch ihre Dichtung das Leben erschließen

Orgelmeditation, kurze Stille, Anzünden einer Kerze und/oder Kyrieruf

Für alle, die in ihrer Religion auf der Suche nach der Wahrheit sind, die wir Gott nennen
Für alle, die auf ihre Weise glauben
Für alle, die das Thema »Gott« nicht loslässt

Orgelmeditation, kurze Stille, Anzünden einer Kerze und/oder Kyrieruf

Für alle, die an einer Krankheit leiden, über die man nicht spricht
Für alle, die mit Schwermut zu kämpfen haben
Für alle Toten, die wir vermissen, und alle, deren Grab niemand mehr besucht

Für sie alle bitten wir dich in dieser weihnachtlichen Zeit.
Behüte und stärke uns und alle, die uns verbunden sind,
jetzt und alle Zeit unseres Lebens bis zu unserer Ewigkeit.
Amen.

Meditation

gott unten

sich für nichts zu schade

keine angst vor dem staub
kein ekel
vor den gerüchen
von körper und seele

kein götzengott
aus stein und gold
sich selber genügend

mein gott sucht mich
dass ich ihn finde

Segen

Gott selbst erhebe euch aus dem Staub,
er gebe euch Würde und Kraft.
Er lasse euch allen Lebenden mit Respekt begegnen,
Sympathie und Herzlichkeit soll euch begleiten.
Er bewahre euch vor verletzendem Urteil und giftigem Wort
und lasse euch vielmehr heilen, was verwundet ist.
Gott segne euer Leben.

Sein Licht gehe euch voran.

STEPHANUS

... wenn die Steine fliegen

Gebet

Ewiger Gott,
rot färbt sich heute das Tuch deiner Kirche.
Nicht gerne lassen wir uns
in der Weihnachtsfreude erinnern:
an das Zeugnis der Märtyrer,
an die Entschlossenheit deiner Jünger,
an die Konsequenzen, dir zu folgen.

Stärke unseren Glauben
durch das Vorbild der Zeugen.

Ermutige uns,
uns zu dir zu bekennen –
auch ohne Applaus.
Ermutige uns,
dir treu zu bleiben,
auch wenn man uns lockt.
Ermutige uns,
die Botschaft der Krippe zu leben
in unserer Zeit.

Wort zur Lesung (Apg 6,8–10; 7,54–60)

stephanus

die hoffnung
lässt sich
nicht totschlagen
die liebe
nicht steinigen
die würde
nicht brechen

stephanus heißt:

den himmel
offen sehen
wenn
die steine
fliegen

Gedanken zum Evangelium (Mt 10,17–22)

»Das Unerträgliche ist,
dass nichts unerträglich ist.«
Sagt Arthur Rimbaud.

Wort eines Dichters,
Wort aus dem Leben.

Kreuze lassen nicht mehr schaudern.
Man gewöhnt sich an alles.

Selbst an Weihnachten
schreckt nicht das Blutrot
des heutigen Tages.

Es sind nicht nur Hirten,
nicht nur das Kind mit
dem lockigen Haar.

Stephanus zeigt,
was es heißen kann,
das zu leben, was
wir mit Kerzen feiern.

Das Kreuz stört das Fest.
Das Kreuz stört immer.

Aber es gibt ja Gegenmittel.
Kruzifixe gibt es in jeder Preislage.
Vergoldet, aus Edelholz,
je nach Geldbeutel.
Sieht netter aus
als ein elektrischer Stuhl an der Wand.

»Das Unerträgliche ist,
dass nichts unerträglich ist.«

Tagesschaubilder werden uns dosiert gezeigt.
Das Elend von Tod und Gewalt kommt auszugsweise auf den Schirm.
Zum Glück.

Sonst gewöhnen wir uns wirklich noch an alles.
Die tägliche Leiche gehört schon dazu.
Regt nicht mehr auf.

Alles schon mal gesehen.
Realität und Bilder verschwimmen.
Man kennt sich aus in Sachen Kreuz und Elend.

Es muss schon dick kommen,
bevor man reagiert.
Man hat doch schon soviel Schlimmeres gesehen.

Derweil gehen die unbekannten Kreuzträger an einem vorbei
und man verliert das Gespür,
versteckte Schmerzen in Gesichtern zu erkennen.

Früher gab ich immer etwas in die Hüte der Penner.
Mittlerweile schaff ich es oft, vorbeizugehen.
Fast ohne schlechtes Gewissen.

»Das Unerträgliche ist,
dass nichts unerträglich ist.«
Sagt Arthur Rimbaud.

Bitten

Zu Jesus Christus, dem Heil der Welt, beten wir:

Für alle, die für ihre Überzeugungen leiden müssen
Für alle, die als religiöse Minderheit Verfolgungen ausgesetzt sind
Für alle Toten der Glaubenskriege

Orgelmeditation, kurze Stille, Anzünden einer Kerze und/oder Kyrieruf

Für alle, die in religiösem Fanatismus gefangen sind
Für alle, die nur ihre eigene Tradition achten
Für alle, die alles Fremde ängstlich und wütend zugleich bekämpfen

Orgelmeditation, kurze Stille, Anzünden einer Kerze und/oder Kyrieruf

Für alle, die sich für andere Kulturen interessieren
Für alle, die sich um den Dialog unter den Religionen bemühen
Für alle, die sich mit der Spaltung der Christen nicht abfinden

Orgelmeditation, kurze Stille, Anzünden einer Kerze und/oder Kyrieruf

Für alle, die für ihre Meinung einstehen
Für alle, die sich ihres Glaubens nicht schämen
Für alle, die leben, was sie glauben

Orgelmeditation, kurze Stille, Anzünden einer Kerze und/oder Kyrieruf

Für alle, die ihre Meinung nach Tagestrends bilden
Für alle, die jeden Tag etwas anderes behaupten
Für alle, die nur glauben, was ihnen nützt

Orgelmeditation, kurze Stille, Anzünden einer Kerze und/oder Kyrieruf

Für alle, die sich für die Menschenrechte einsetzen
Für alle, die politisch verfolgt werden
Für alle Opfer von staatlicher Willkür und Folter

Orgelmeditation, kurze Stille, Anzünden einer Kerze und/oder Kyrieruf

Für alle, die auf verschiedenste Weise unter Druck gesetzt werden
Für alle, deren Selbstwert gebrochen wurde
Für alle, die seelisch tot sind

Orgelmeditation, kurze Stille, Anzünden einer Kerze und/oder Kyrieruf

Für sie alle und in unseren ganz persönlichen Anliegen bitten wir dich in dieser weihnachtlichen Zeit.
Stärke unsere Kranken und erlöse unsere Toten, jetzt und alle Zeit bis zu unserer Ewigkeit.
Amen.

Meditation

konsequenz

es ist das gleiche holz:
die krippe,
das kreuz.
bequem ist es nicht,
sohn gottes zu sein.

der anfang im stall,
das ende draußen vor der stadt.
man legt und wirft ihn
auf harte planken.
mag sein,
dass stroh mildert,
der essigschwamm kaum.

wer dem kind folgt,
folgt dem gekreuzigten,
die märtyrer wissen darum:
die krippe hat konsequenzen.

wer jesus nachfolgt,
muss damit rechnen,
dass steine bereit liegen.

Segen

Gott, der Barmherzige,
bewahre euch vor allen, die euch bekämpfen und verachten.
Er gebe euch Kraft, Anfeindungen und Spott zu ertragen und auch manch mitleidiges und süffisantes Lächeln.
Er stärke euer Rückgrad
und durchglühe euch mit Leidenschaft für sein Evangelium.
In seiner Liebe werdet ihr Hass überwinden und eure Welt verändern.

Gott wird euch begleiten.
Sein Licht gehe euch voran.

FEST DER HEILIGEN FAMILIE

Nazaret ist überall

Gebet

Herr Jesus Christus,
mit deiner Familie in Nazaret
können wir uns nicht vergleichen.
Hilf uns, dass wir uns gegenseitig stützen
und uns Halt und Schulter geben,
und wenn es nicht anders geht,
dann hilf uns,
uns »in Liebe zu ertragen« (Eph 4,2),
wie dein Apostel rät.

Herr Jesus Christus,
du weißt, was uns leben lässt
und wer.
Steh uns bei,
wenn das Leben Salto mit uns schlägt.
Lass uns lieben,
ja, vor allem: Lass uns lieben.

Herr Jesus Christus,
du Sohn aus Davids Haus,
lass uns die ehren,
die uns das Leben gaben,
die uns behütet und bewacht.
Und lass uns nie vergessen,
dass sie Menschen sind wie wir.

Mit Fehlern,
Wunden
und mit ihrer
eigenen Art, zu leben
und zu lieben.

Wort zur Lesung (1 Joh 3,1–2.21–24)

gotteskind

fast trotzig der apostel:
»wir heißen kinder gottes
und wir sind es …«

ausrufezeichen
möchte man anfügen
aus allen familien
in die eine

ein band stärker als blut
ewiger als alles andere

mit meiner mutter
mit meinem vater
mit tochter und sohn

bin ich kind
des ewigen

für alle zeit

Gedanken zum Evangelium (Lk 2,41–52)

Nazaret

»Freund,
wenn du Christ bist, geh nicht nach Nazaret.«
So warnt ein Reiseführer.

Er spielt an auf die Enttäuschung,
die man haben kann,
wenn man zum ersten Mal
die Stadt besucht.

Keine Spur einer Idylle,
kein trautes galiläisches Dorf,
keine Romantik,
wie auf den Bildern
der Nazarenerschule
des 19. Jahrhunderts.

Für die vertrauten Porträts
von der Heiligen Familie
gibt die Stadt nicht den Rahmen,
den man sich vorstellt.

Nazaret ist eine staubige, laute,
normale arabische Stadt.
Mit einigen verwinkelt schönen Ecken.
Aber im Vergleich mit
anderen Städten der Region
nichts Besonderes.

Mit 60.000 Einwohnern
ist sie die größte arabische Stadt
in Israel.

Aber gerade
das Unauffällige,
das Triviale,
das Alltägliche
bringt mir das jetzige Nazaret
dem alten Nazaret näher.

Biblisch war Nazaret vor Jesus
ein völlig unbedeutender Ort,
nie erwähnt in irgendeiner Schrift.
Erst durch ihn wird Nazaret
ein Ort der Weltgeschichte.

Doch auch Jesus verlässt seine Heimatstadt
und wohnt während der Zeit seines
Wirkens am See bei Kafarnaum.
Er weiß, dass »nirgends ein Prophet
so wenig Ansehen hat
wie in seiner Heimatstadt und in seiner Familie« (Mt 13,57).
Und er erlebt auch das umgekehrte Misstrauen,
dass ihm als Sohn dieses Provinznestes entgegenschlägt:
»Was kann aus Nazaret schon Gutes kommen«,
tuscheln die Leute.
Sie hätten wohl nie gedacht,
dass dieser Ort in
Erinnerung bleiben sollte,
mehr als andere.

Das hat vor allem auch mit
den Traditionen,
den Vorstellungsmustern
zum Thema »Heilige Familie« zu tun.
Heute feiern wir ihr Fest.

Es ist ein noch verhältnismäßig
junges Fest für kirchliche Verhältnisse.
Erst seit 1920 wird es immer am
1. Sonntag nach Weihnachten gefeiert.
Ausgangspunkt war der langsam
beginnende Zerfall der Großfamilie
im 19. Jahrhundert.
Man brauchte ein Vorbild
für das, was neu entstand:
die Kleinfamilie.

Was lag da näher,
als sich auf die Familie Jesu
in Nazaret zu besinnen.
Die »Heilige Familie« rückt
in den Vordergrund –
als *die* mustergültige Kleinfamilie.

Unzählige Bilder von Josef und
Jesus in der Werkstatt
mit Maria im Hintergrund
entstehen.
Die Idylle der Bilder soll
das Ideal der kirchlichen Ehe
und der religiösen Kindererziehung
retten.

Das war wohl das Ziel,
gut gemeint,
aber die romantischen Bilder
geben wohl kaum
die Realität wieder.
Was das Neue Testament selbst
zum Thema sagt, ist sperriger,
verschweigt nicht die Spannungen,
die es auch in dieser Familie gab.

Zum Beispiel erkennt Jesus im Alter
von 12 Jahren eine andere Autorität,
als die der Eltern an.
Nach einem gemeinsamen Besuch
in Jerusalem hatten sie ihn gesucht,
er war verschwunden,
hatte sich nicht bei ihnen abgemeldet.
Die ganze Stadt stellen sie auf den Kopf
und finden ihn schließlich im Tempel.
Eine Entschuldigung hörten sie nicht,
kein Verständnis für ihre Sorge,
sondern dies:
»Warum habt ihr mich gesucht?
Wusstet ihr nicht,
dass ich in dem sein muss,
was meinem Vater gehört?«

Oder viel später,
nachdem er begonnen hatte,
herumzuziehen und zu predigen,
wollten ihn seine Verwandten einmal
nach Haus zurückholen.

Weil sie ihn für verrückt halten.
Sein Auftritt als Prophet ist ihnen peinlich.
Er antwortet hart,
so als kenne er seine Familie nicht mehr:
»Wer den Willen meines himmlischen Vaters
erfüllt, der ist für mich Bruder
und Schwester und Mutter« (Mt 12,50).

Jesus und seine Familie.
Ein nicht glattes Verhältnis.
Aber auch kein dramatisch krisenreiches.
Eher eine normale Familie mit dem üblichen Auf und Ab.
Wilhelm Bruners hat das so in Worte gefasst:

heilige familie

die mutter
der vater
das kind
die heile
familie

vergiss
was du
über sie
gehört hast

denn sie
war eine
ganz und gar
normale familie

wenn du
etwas über
sie wissen
willst
informiere
dich nicht
bei denen
die nicht
zulassen
dass sie eine
ganz und gar
normale familie
war

wenn du etwas über
sie wissen
willst
schau in die
eigene familie
und denke nach
über das
was du dort erlebst

verstehen
enttäuschung

zuneigung
ablehnung

trennung
umarmung

zorn
liebe

vergleiche
dich ruhig
mit ihr
und halte
dich nicht
für schlechter

vergiss was du
über sie
gehört hast

sie war
eine ganz und gar
normale
familie

deshalb
halte sie
heilig

WILHELM BRUNERS

Das stimmt nicht
und stimmt doch.
Natürlich wird diese Familie
immer unvergleichbar bleiben
– bei der Zusammensetzung!
Aber sie lebten als eine
ganz normale Familie.

Nicht abgehoben,
sondern mittendrin.

Jesus erlebt Familie,
so wie andere Menschen auch.
Über die meisten Details schweigt
das Neue Testament,
aber Verbindungslinien bleiben.

Sie haben alles erlebt.
Drei Jahrzehnte lang.
Eine jüdische Familie.

Josef, ein Zaddik,
ein Gerechter.
Jesus, ein »Bar Mizwah«,
ein Sohn des Gesetzes,
der mit anderen zusammen aufwächst.
Der in die Traditionen
seines Volkes, seiner Religion
hineingeführt wird.
Der seine Lektionen lernt!

»... und obwohl er der Sohn war,
hat er an dem, was er gelitten hat,
den Gehorsam gelernt« –
heißt es im Hebräerbrief
(Hebr 5,8).

Gott lernt quasi am eigenen Leib
die eigenen Weisungen.
Deutlicher kann Gott
Menschwerdung nicht meinen.

Bitte

Die Ecken und Kanten im Evangelium
sind die Ansatzpunkte,
an denen sich der Mensch
wieder findet.
In seinen Wunden und Fehlern
genauso wie in seinem
Versuch, immer mehr Mensch
zu werden nach dem Vorbild Jesu.

Auf diesem Hintergrund
denke ich an die,
die sich von ihrer Familie getragen wissen,
die ihren Ursprung kennen,
gern immer wieder
zu ihrer Familie zurückkehren.

Aber auch an die,
die in ihrer Familie gelitten haben,
nach außen die Fassade bewahren mussten,
an alle, die aus ihrer Familie geflohen sind.

An die Adoptivkinder
und Stiefeltern, denke ich,
an die Alleinerziehenden
und an die vielen Großeltern,
die in die Bresche springen.

An die, deren Liebe verwundet wurde,
an die Scheidungskinder
und zerrissenen Familien.

Ich denke an die,
denen es schwer fällt loszulassen,
deren Kinder eigene Wege gehen,
die man nicht versteht.
Die nicht klar damit kommen,
dass der Sohn,
die Tochter,
nicht dem Bild entspricht,
dass man sich erträumt hat.

An die Familien ohne Kinder
denke ich.
An die, die sich sehnlichst welche wünschten.

An alle, die Waisen wurden.
Kinder, die ihre Eltern verloren,
Eltern, die ihre Kinder sterben sahen.

An all das Unausgesprochene,
an die Sprachlosigkeiten,
an die Fremdheit trotz Verwandtschaft.
An all das denke ich vor Gott.
Und für sie alle bitte ich.

Vor Gott,
der Mensch geworden ist,
einer von uns,
und der weiß,
was das heißen kann.

Meditation

überall

»nazaret ist überall«
zu diesem schluss
kommt charles de foucauld

er wollte in nazaret selbst
der heiligen familie nahe sein
dort leben
dort arm sein wie sie
1898 ging er dorthin

in einem kloster
arbeitet er
lebt selbst in einem bretterverschlag
aber dann geht ihm auf
dass nazaret kein ort
auf der landkarte ist:

»man muss nicht dahin gehen,
wo die erde am heiligsten ist,
sondern wo die seelen
in der größten bedrängnis sind.«

sagt er und geht weg
ins südliche algerien

nazaret ist überall

Segen

Gott, der Ewige, segne euch und eure Familien,
er behüte alle, die zu euch gehören und die ihr liebt
aus ganzem Herzen.
Er führe euch oft zusammen, stärke eure Gemeinschaft und schenke euch viel Toleranz für eure so verschiedenen Wege.
Er lasse euch gastfreundlich sein und bewahre euch vor Überheblichkeit und Dünkel. Gott selbst lasse euch dankbar sein für alle guten Stunden und stärke euch, wenn es schwierig wird.

Er behüte euch und sein Licht gehe euch voran.

NEUJAHR

Gott sei bei uns ...

Gebet

Allmächtiger Gott,
am Beginn eines neuen Jahres beten wir zu dir.
Umfange unsere Schritte in die kommende Zeit
und bewahre uns und alle,
denen wir begegnen werden.

Wir wissen nicht,
was uns erwartet.
Wir wissen nicht,
wer uns zugemutet wird,
wir wissen nicht,
wann wir jubeln
und wann wir weinen werden.

Behüte uns, Gott,
was immer auch kommen mag.
Dir vertrauen wir,
in deiner Hand sind unsere Namen,
unsere Pläne,
unser Leben.

Mit dir wagen wir unsere Zukunft.
Bleibe bei uns für alle Zeit,
die uns gegeben ist.

Wort zur Lesung (Num 6,22–27)

das kleine kreuz

es gehörte bei uns einfach dazu:
immer wenn wir als kinder
das haus verließen,
ob für den schulweg
oder sonst wohin
– wenn's nicht gerade um die Ecke war –,
bekamen wir von unserer mutter
ein kreuz auf die stirn gezeichnet,
ohne große worte,
ohne fromme ermahnungen,
einfach nur dieses kleine zeichen

es gehörte einfach dazu,
und wenn sie es mal im trubel vergaß,
dann forderten wir es,
aber das passierte selten,
es war ein fester ritus

für meine mutter war es mehr,
es war ihre stille bitte an gott,
dass sie uns gut wieder zurückbekommen möge,
gesund und unversehrt
es war ihr segen für unsere wege

als wir älter wurden,
war uns das manchmal peinlich,
guckten wir, dass das keiner mitbekam –
ein kreuz von der mutter auf die stirn

mittlerweile ist es für mich
eines der schönsten zeichen geworden,
das ich selbst nutze, wo ich nur kann

nicht nur beruflich,
als pfarrer,
auch einfach so,
bei neffe und nichte

was kann man jemand schöneres wünschen,
als dass sein weg geschützt sein möge,
dass er oder sie gut behütet ist,
gesegnet von gott her

das kleine kreuz auf der stirn
gehört einfach dazu

Gedanken zum Evangelium (Lk 2,16–21)

Der Name

Die Krippe von Weihnachten steht noch
und in ihrer Mitte ist der zu finden,
dem heute im Evangelium ein Name gegeben wird:
Jeshua, Jesus – das heißt übersetzt: Gott hilft.

In seinem Namen und mit der Hoffnung,
dass sich erfüllen möge, was dieser Name sagt,
beginnen wir das neue Jahr.

»Gott hilft.«
Da ist mehr Hoffnung drin als Erfahrung.
Jedenfalls von der Art, die man sich wünscht.
Und wem es geschenkt ist,
das sagen zu können, »Gott hat geholfen«,
der weiß auch,
dass es die Stunden gibt,
in denen man sich nur erinnern kann,
an das, was einen mal aufgerichtet hat.
Und in denen man sich selbst sagt
oder noch besser: sich sagen lässt,
dass beides wahr ist:
das Dunkle wie das Helle.
Das Tasten nach Gott wie die Erfahrung seiner Nähe.
Die man, wenn man sie erfahren hat, hütet wie einen Schatz.
Und nach der man sich sehnt wie nach dem Licht.

Das neue Jahr wird seine guten Seiten haben
und seine schweren.

Wir werden wieder beides erleben und leben.
Wir werden jubeln, tanzen, wir werden schweigen und uns bisweilen
wieder auf dem Boden wieder finden.

Wie unterschiedlich mögen die vielen Stimmungen sein,
die uns alle hier bewegen.
Wir haben alles dabei.
Unseren Dank, unsere gespannte
und frohe Erwartung und unsere Sorgen.

An dieser Jahresschwelle legen wir die Schminke ab,
brauchen keine Bühne,
keine Ausweichmanöver,
verzichten wir darauf, mehr zu sein, als wir wirklich sind.
Gott kennt uns eh
und hält uns besser aus, als wir uns selbst.

Und dass, was wir gerne vermeiden würden:
unsere Ohnmacht zuzugeben,
ohne Verrenkung der Seele wohlgemerkt,
und ohne einen neuen großen Auftritt,
das könnte unsere Chance sein.

In meinem Arbeitszimmer hängt eine
Zeichnung von Tisa von der Schulenburg.
Einer ihrer Brüder gehörte zum Widerstand gegen Hitler
und wurde von den Nazis hingerichtet.
Tisa von der Schulenburg trat später in ein Ursulinenkloster ein
und lebte dort bis zu ihrem Tod.
Sie wurde 97.

Der sehr spät entstandenen Zeichnung
ist ein Text von Hilde Domin beigefügt,
einer ebenfalls vielfältig Gezeichneten und Versöhnten,
der Dichterin, der deutschen Jüdin mit Exil und Heimkehr.
Es ist ein Text, der mich seit Jahren begleitet.
Er heißt:

Bitte

Wir werden eingetaucht
und mit dem Wasser der Sintflut gewaschen,
wir werden durchnässt bis auf die Herzhaut.

Der Wunsch nach der Landschaft
diesseits der Tränengrenze taugt nicht,
der Wunsch, den Blütenfrühling zu halten,
der Wunsch, verschont zu bleiben,
taugt nicht.

Es taugt die Bitte,
dass bei Sonnenuntergang die Taube den Zweig vom Ölbaum bringe.
Dass die Frucht so bunt wie die Blüte sei,
dass noch die Blätter der Rose am Boden
eine leuchtende Krone bilden.

Und dass wir aus der Flut,
dass wir aus der Löwengrube
und dem feurigen Ofen immer versehrter
und immer heiler stets von neuem zu uns selbst
entlassen werden.

Hilde Domin

Dichterworte sollte man nicht zerreden.
Sie wirken da, wo sie sollen.
»… versehrter und immer heiler …
zu uns selbst entlassen zu werden …«

»Gott hilft« heißt Jesus.
Und er ist es »… durch dessen Wunden wir geheilt« sind.
Daran denke ich und an all das, was mir schwer,
was ich liebend gern vermieden hätte,
aber was mich auch geprägt hat.
Und was mich vielleicht ein bisschen verständnisvoller
und toleranter gemacht hat.
Die Kraft kommt manchmal aus der Ohnmacht.
Wir werden manchmal geführt, wohin wir nicht wollen.

Was taugt, ist die Bitte, dass Gott mit seinem Segen
und seiner Kraft dabei sein möge. Und wandelt, was zu tragen ist.
Dann werden wir selbst Segen sein für andere.

Wer Scheidung in der eigenen Familie
oder im Freundeskreis erlebt hat,
wer begriffen hat, dass sich nichts wiederholt,
es für nichts Schablonen gibt
und jeder Fall seine eigene Dramatik
mit Fehlern und Verletzungen aufweist,
der spricht anders über Scheitern.

Wer selbst Opfer von Gewalt wurde,
direkt und ohne Vorwarnung,
der redet anders über Menschen,
die über Jahre Hilfe in Anspruch nehmen müssen,
von Therapie zu Therapie gehen, ihr Gleichgewicht suchen.

Wer von einem Tag auf den anderen
»Umstrukturierungen«, »Effizienzsteigerung«
und personaler »Verschlankung« zum Opfer fiel,
redet anders über »die Arbeitslosen«.

Wer sich die Mühe gemacht hat,
der Geschichte eines Flüchtlings zuzuhören,
nicht via Fernsehen, sondern direkt,
en face, Auge in Auge,
ist doppelt vorsichtig bei allen schnellen Sprüchen
über Asylmissbrauch in unseren Landen.

Barmherzigkeit ist eine Hauptvokabel im Evangelium.
Sie setzt moralische Maßstäbe,
Eckpfeiler, Prinzipien nicht außer Kraft,
ist kein Freibrief für Beliebigkeit.
Aber zeigt deutlich,
dass nicht alle über einen Kamm zu scheren sind.

Vielleicht gelingt es in diesem Jahr
etwas mehr von Gottes Barmherzigkeit
durch das Wie des eigenen Lebens zu buchstabieren.
Vielleicht. Allein schaffen wir es nicht.

In Gottes Namen gehen wir in das Neue.
Er selbst sei uns Rückenwind und langer Atem,
schenke uns Phantasie und Toleranz,
sei mit uns bei allen Plänen und Ideen.

Gott sei bei uns bei allem,
was schwer und was schön sein wird.
Er selbst segne unsere Wege und Umwege. Amen.

Bitte

Zu Anfang des neuen Jahres bitte ich für alle,
mit denen ich dieses neue Jahr beginne,
egal ob sie mir nahe stehen
oder ob ich mich schwer mit ihnen tue,
wie sie vielleicht mit mir.

An alle denke ich,
die ich vermisse,
die ich im letzten Jahr begraben musste
und an all die,
die mir schon länger schmerzlich fehlen.

Ich bete aber auch
für die mir jetzt noch
fremden Gesichter
der kommenden Zeit,
für all die Menschen,
die ich neu kennen lernen werde.

Viele sind es,
die kurz meinen Weg kreuzen werden,
einige, die mir kostbar werden
mit einem Platz in meinem Herzen.

Ich bitte in diesen Stunden für alle,
denen das neue Jahr
große Termine bereithält.
Für alle, die heiraten werden,
für alle, die ein Kind erwarten,
für alle, die an einem fremden Ort neu beginnen.

Ich denke an alle,
die Abschlussprüfungen zu bestehen haben
oder ihren Ruhestand beginnen,
an alle, die mit großen Sorgen
in ihre Zukunft blicken,
die in der Liebe verwundet sind,
an alle, deren Arbeitsplatz gefährdet ist.

Besonders bete ich für alle,
die krank sind an Leib oder Seele,
und für alle, die Lasten tragen,
über die sie nicht sprechen können,
für alle, deren Leben niemanden interessiert.

Für sie alle bete und bitte ich
und danke schon jetzt für die Menschen,
die in diesem neuen Jahr wieder für mich da sein werden
und mir wichtig sind, wie die Luft zum Atmen.

Gott segne sie alle
und behüte sie
in allem Schweren und Schönen.

Meditation

maria

sie steht am anfang
des jahres
es ist auch ihr fest
maria
die wir mutter nennen
mutter des herrn

maria aus nazaret
die von
gott überraschte
die starke frau
zu oft verkannt
zu viele weichzeichner

es liegt nicht an ihr

sie ist nicht nur leise
deutlich ist sie
sehr klar

die magnificatpoetin

sie fordert
sie birgt
sie segnet

als mutter jesu

dem wir
bruder sind
und schwester

Segensbitte

Gott, der Allmächtige, führe uns sicher in das neue Jahr.
Er lasse uns nie vergessen, wer der Herr der Welt
und des Universums ist,
und schütze uns vor selbst ernannten Götzen und Göttern.
Er gebe uns Rückenwind, wenn wir uns selbst überfordern und außer Puste kommen.
Er schenke uns Geduld mit uns selbst
und die Größe, auch die kleinen Schritte zu achten.
Gott, der Barmherzige, kräftige alle,
die mit Krankheiten kämpfen, und richte alle auf,
die leiden an Leib oder Seele oder an sich selbst.
Er befreie uns von allem, was uns vom Leben zurückhält.
Er gebe uns ein empfindliches Gewissen,
dass wir hellwach bleiben für das, was neben uns geschieht.
Gott der Ewig-Treue schütze alle,
die zu uns gehören, und sei mit allen,
die uns zugemutet werden, wie wir auch ihnen.
Er gebe uns öfter Humor und Leichtigkeit
und sei mit allen, die sich in diesem Jahr verlieben werden.
Er verlasse uns nicht, in alldem, was schön und was schwer sein wird.

Gott selbst behüte uns auf unseren Wegen und Umwegen.

ZWEITER SONNTAG NACH WEIHNACHTEN

Sprich nur ein einziges Wort

Gebet

Herr,
du bist das Wort
und gibst das Wort,
in dem ich gründen,
auf das ich bauen,
in dem ich leben
kann.

Es ist nicht leicht,
dein Wort,
ist ungeschminkt,
ist nicht auf Show poliert
und nicht en vogue.

Führe mich
durch die Versuchungen,
ihm zu entfliehen.

Wort zur Lesung (Sir 24,1–2.8–12)

weisheit

»nicht glauben – wiss*en-tv*,«
in großen reklamelettern
machte ein nachrichtensender auf sich aufmerksam
ein bild vom papst,
darunter:
»vermutungen,
spekulationen,
halbwahrheiten
die art von information,
die sie bei uns nicht bekommen,
das können sie ruhig glauben«

glaube ich nicht

Gedanken zum Evangelium (Joh 1,1–18)

Drei Wort-Gedanken

Sprich nur
ein Wort
ein einziges
und meine Seele wird gesund

Jesus,
Bruder und Herr,
mein See Gennesaret

liegt in der Eifel.
Vielleicht auch in den Straßen
irgendeiner Stadt.
Es sind keine Fischerboote,
von denen du mich wegrufst,
und meinen Vater verlasse ich auch nicht.

Ich bin ein Jünger mit E-mail-Anschluss,
mit Handy und Hip-Hop im Ohr,
ich weiß nicht, ob ich tauge
für deinen Auftrag,
für deine »Mission impossible«.

Ich weiß nur,
dass du mir in der Seele brennst,
wenn ich dein Wort lese,
so als hörte ich dich selbst.
Ich weiß nur,
dass ich deine Schulter spüre,
bei meiner Wut über
Ausbeutung und Unrecht.
Ich weiß nur,
dass ich still werde,
in deinen Räumen,
und zwar ganz freiwillig.

Nicht selten
ahne ich dann,
dass du mich,
warum auch immer,
gemeint hast
und sendest

Sprich nur
ein Wort
ein einziges
und meine Seele wird gesund

Der Zweifel

wohnt oft nah am Halleluja.
Nicht nur für Petrus
schreit der Hahn.

Gott weiß das.
Gott weiß es gut.

Auch seine Heiligen
haben Macken.
Und jeder,
jeder,
der sich noch so müht,
hat seine Wunden.

Die Künstler
wissen darum.

Im Freiburger Münster
wachen die Apostel
als Statuen
an den Säulen.

Jesus am nächsten
steht nicht
Petrus,

nicht
Johannes.

Ihm am nächsten steht
Thomas,
der Zweifler,
der Ungläubige,
der oft Geschmähte.

Der Bildhauer,
die Auftraggeber,
sie wussten, warum.

Einmal nur,
einmal nur
einen Beweis.

Den Finger in die Wunde legen,
mit den Händen greifen können,
sein Gesicht sehen dürfen,

einmal nur.

Thomas,
Menschenbruder,
du kennst meine Zweifel,
meine Kämpfe,
meine Ängste.

Du bist keiner von denen,
die schnell alles klar haben.

Sei Schutzpatron
meiner Wege und Umwege,
meiner Schwäche,
meiner Sehnsucht

nach Gott.

Sprich nur
ein Wort
ein einziges
und meine Seele wird gesund

Es ist alles gesagt
und festgehalten
im Heiligen Buch.
Seit Generationen
mahnen
und trösten wir uns, Gott,
mit deinen Worten.
Sie sind Salz und Brot
für unsere Tage und Nächte.

Du schweigst nicht.
Du findest neue Wege
und Sprachen,

sprichst dein Wort
in Tönen und Melodien,
die unsere Härten lösen.

Die Palette ist bunt:
für den einen sind es Bachs Harmonien

oder die Gesänge der Ostkirche,
für andere die Rhythmen von Massive Attack.

»Musik,
du Sprache, wo Sprachen enden«,
sagt Rilke,
und weiß, was Sehnsucht heißt:

Der Schauende

Ich sehe den Bäumen die Stürme an,
die aus laugewordenen Tagen
an meine ängstlichen Fenster schlagen,
und höre die Fernen Dinge sagen,
die ich nicht ohne Freund ertragen,
nicht ohne Schwester lieben kann.

Da geht der Sturm, ein Umgestalter,
geht durch den Wald und durch die Zeit,
und alles ist wie ohne Alter:
die Landschaft, wie ein Vers im Psalter,
ist Ernst und Wucht und Ewigkeit.

Wie ist das klein, womit wir ringen,
was mit uns ringt, wie ist das groß;
ließen wir, ähnlicher den Dingen,
uns so vom großen Sturm bezwingen,
wir würden weit und namenlos.

Was wir besiegen, ist das Kleine,
und der Erfolg selbst macht uns klein.

Das Ewige und Ungemeine
will nicht von uns gebogen sein.
Das ist der Engel, der den Ringern
des Alten Testaments erschien:
wenn seiner Widersacher Sehnen
im Kampfe sich metallen dehnen,
fühlt er sie unter seinen Fingern
wie Saiten tiefer Melodien.

Wen dieser Engel überwand,
welcher so oft auf Kampf verzichtet,
der geht gerecht und aufgerichtet
und groß aus jener harten Hand,
die sich, wie formend, an ihn schmiegte.
Die Siege laden ihn nicht ein.

Sein Wachstum ist: der Tiefbesiegte
von immer Größerem zu sein.

RAINER MARIA RILKE

Bitten

Zu unserem Herrn Jesus Christus bitten wir:

Für alle, die mit dem Wort taktieren
Für alle, deren Worte wie Pfeile treffen
Für alle, die sich selbst nicht mehr hören können

Für alle, auf deren Wort man zählen kann
Für alle, die durch Worte heilen
Für alle, an deren Worte man sich lange erinnert

Für alle, die durch Gesten sprechen
Für alle, die man wortlos versteht
Für alle, mit denen man schweigen kann

Für sie alle und für alle, die uns auf verschiedenste Weise bewegen,
bitten wir dich, unseren Herrn.
Jetzt und für alle Zeit, bis zu unserer Ewigkeit.
Amen.

Meditation

Wortmüll oder: ganz zufällig

Nicht nur die Telefone
in unseren Städten verzichten auf Zellen.
Man hat angeblich nichts zu verbergen.

»Können sie nicht ein bisschen lauter sprechen,
ich verstehe nicht alles«,
sage ich zu Mr. Handy im Großraumwagen.
Noch zehn Minuten und ich weiß sicher,
wer sonst noch Hämorriden hat in seiner Familie.

Offenheit pur,
Privatleben gnadenlos.

Wen das interessiert,
der sollte nachmittags einschalten.
Schnell, so lange es sie noch gibt,
die Nachmittagstalkshows.

Sprachlos ist hier keiner.
Im Gegenteil.
Sie sitzen nebeneinander
und fetzen sich.

Er liebt sie nicht mehr,
weil sie's mit 'nem anderen hat,
und der wiederum ist scharf auf
ihre beste Freundin,
mit der sie nun wortreich nie wieder redet,
außerdem gibt es auch noch die ältere Schwester,
die sich immer einmischt,
und den fremdgehenden Vater,
und die langschlafende Mutter
und und …
und Beziehung ist ja eh Mist.

Die moderne Arena heißt Talkshow,
da trifft man sich.

Früher schickte man Löwen und Gladiatoren
und amüsierte sich über blutige Metzeleien.
Den Heutigen genügen die Keifereien
vor laufender Kamera.
Der Nachmittagszirkus,
den angeblich keiner sieht,
niemand außer den paar Millionen,
von denen Statistiken erzählen.

Über manche Themen kann man ja reden,
Talkshows sind moderne Marktplätze,
auf denen es auch mal laut zugeht,

kontrovers, wie das so ist.
Aber wenn es ganz intim und persönlich wird,
wenn man sich fragt,
haben die niemand,
der mit ihnen redet,
was treibt die
zum Seelenstriptease ins Flutlicht?

Einmal ins Fernsehen,
egal wie?

Ich möchte nicht wissen,
wie viele den Tag verfluchen,
an dem sie zugesagt haben,
oder sich freiwillig gemeldet haben.
Das kann man ja,
die Redaktionen suchen ja immer.

Ich möchte nicht wissen,
wie viele sich ans Hirn fassen,
nach der Blamage.
Und wie vielen es dreckiger geht als vorher.

Die Meute interessiert das nicht.
Morgen gibt's wieder neue Hampelmänner,
und Hampelfrauen,
neues Futter für die Lust am Skandal,
man wirft sie zum Fraß vor,
und es wird wieder eingeschaltet.

Ganz zufällig natürlich.
Ganz zufällig.

Ich wünsche denen,
die sich in Beziehungen verrannt haben,
denen Dinge passieren,
die sich manch einer im Traum nicht vorstellen kann,
es sei denn in Alpträumen,
denen wünsche ich,
dass sie Leute haben,
die länger mit ihnen reden,
bei denen sie mehr Sendezeit haben,
und null Zuschauer.
Und Worte hören,
die ihnen wirklich weiterhelfen.

Und die sie weiterbringen,
raus aus ihrem Schlammassel.
Ich wünsche ihnen Menschen
und keine, die solche spielen.

Segen

Gott segne euch und gebe euch zur richtigen Zeit das richtige Wort.
Er bewahre euch davor, andere zu verletzen
und lasse euch behutsam sagen, was zu sagen ist.
Er gebe euch den Mut zu schweigen
und in der Stille hellwach zu werden für *Sein Wort.*
Das sei euch Orientierung und Halt,
Herausforderung und Kraft,
Quelle und Trost
und begleite euer Leben.

ERSCHEINUNG DES HERRN

Dein Stern gibt die Richtung an

Gebet

Deine Botschaft, Herr,
überwindet alle Grenzen.
Dein Stern gibt die Richtung an.

Du führst uns aus unseren
Reservaten ins Weite,
brichst unsere Zelte ab,
lockst uns aus unseren Palästen.

Wir sind dir kostbarer
als alles, was wir dir geben könnten.
Auch wenn du uns die Wüsten nicht
ersparst
und auch nicht dein hartnäckiges Schweigen,
du gibst uns Richtung.

Verlass uns nicht
und führ uns den Weg,
der der unsrige ist.

Wort zur Lesung (Jes 60,1–6)

sein licht

sein licht
geht voran in ferner zukunft
am ende der tage leuchtet es hell
bei der lösung der rätsel
unübersehbar
dann
erzählen wir unsere geschichten
breiten aus die schätze unserer begegnungen
werden uns die augen aufgehen
weil er immer da war

Gedanken zum Evangelium (Mt 2,1–12)

Gegenwart

An einem Neujahrstag
bekam ich ein Fax.
Ohne große Ankündigung.
Mehrere Seiten lang.
Mein Faxgerät hat sie nicht
wie sonst
Seite für Seite,
schön ordentlich
abgeschnitten,
sondern Zeile für Zeile
erschien der Text

wie ein langes Band.
Wie ein Schriftband,
das sich zusammenrollen lässt.

Es stammte von jemand,
der am Silvesterabend
im Gottesdienst war,
in der Basilika St. Johann in Saarbrücken.
Keiner aus der Gemeinde,
einer von den vielen,
die dorthin kommen,
von den Hecken und Zäunen.
Einfach gesagt:
vom bunten Volk.

Ich begann zu lesen:

»Herr …
In der letzten Nacht des Jahres
bin ich
in deinem Haus gewesen.

Ich musste
durch eine Seitentür gehen,
das kunstvolle Portal
war verschlossen
für alle,
die zu dir kommen wollten.

Aber du warst da,
in einer strahlenden Monstranz

»Geheimnis des Glaubens?«

Du weißt,
mir stand der Sinn
nicht nach Anbetung.

Ich habe dir
vielmehr
meine Sorgen
und Ängste
auf die Treppen
des Altares geschüttet –

Dir gesagt:
Schau auf mich,
ich kann dieses Leben
nicht mehr ertragen –

Ich bin am Rand
meiner Existenz,
weiß nicht mehr
ein noch aus.

Aber,
du bist ein schweigender Gott –

lässt uns allein
in unserer
vermeintlichen Freiheit
und in unserer Not.

Bin ich –
wie andere –
ein Kind Gottes?

Aus der Stille der Basilika
ging ich
in ein anderes Gasthaus.

Auf dem Weg durch Pulverdampf,
knallende Böller
und heulende Raketen
dachte ich mir,

der ganze Krach wird böse Geister
nicht vertreiben.
Der Teufel ist in uns,
nicht in einer unvorstellbaren Hölle.

Dann stand ich an einer Theke
zwischen fein gemachten Putzfrauen,
besoffenen Arbeitslosen,
haltlosen Huren
und Alleingelassenen.

Und dann begriff ich es:
Dein Haus ist nicht
die glanzvoll
renovierte Basilika,

dein Haus
ist
in unserer Mitte.

Du gehörst nicht
in die fahle Oblate
einer goldleuchtenden Monstranz.

Du musst in denen,
die noch glauben,
gegenwärtig sein.

Aber, Herr, das Leben,
das du deinen Kindern
zumutest, ist hart.

Dürfen wir,
wie Moses, das Gelobte Land
nicht schauen,
keinen Frieden finden
im Alter?

Ich verzweifle
an meinem Alltag
und will trotzdem
freundlich, höflich,
besorgt und gut
zu Menschen sein, die mir begegnen.

Du schweigender Gott,
mach den Mund auf
und als eines deiner Kinder
verlange ich

Unterhalt
von dir.

GEORG MISCHO

Das stand auf dem Fax.

Gedanken
ins Wort gebracht,
die man oft nur aus Gesichtern lesen kann.
Ich ließ die Papierrolle mit diesen Gedanken
durch die Finger gleiten,
wiederholte einiges von dem Geschriebenen,
blieb an manchen Wendungen hängen,
rätselte, was so zwischen den Zeilen stand,
staunte über den Mut,
so einen Blick in die eigene Seele einfach zu erlauben.
Eine eigenartige Stimmung am ersten Tag des neuen Jahres.

Ich habe dann telefoniert,
wir haben gesprochen.
Über solche Gedanken muss man sprechen.

Niemand der anderen
wird am Silvesterabend geahnt haben,
was sich da im Kopf,
im Herzen eines unbekannten Banknachbarn abspielte.

Eigentlich wie meistens.

Was wissen wir voneinander?
Was kennen wir?
Was suchen wir?

Wir sind Sucher,
Sucherinnen,
sind unterwegs zu dem Geheimnis,

das wir Gott nennen.
Jeder auf seine Weise.

Davon erzählt dieser Neujahrsbrief.
Über manches im Inhalt kann man ja verschiedener Meinung sein,
wichtig ist mir,
dass da jemand mit Gott spricht,
mit ihm ringt,
ihn herausfordert,
weil er an ihn glaubt.

Er ist nicht Gottes Musterschüler,
er sagt nicht zu allem Ja und Amen,
er mutet Gott alles zu,
hält nichts zurück,
schminkt sich sein Leben und sein Chaos nicht schön,
sondern:
– wie sagt er –,
»ich habe meine Sorgen und meine Ängste
auf die Treppen des Altares geschüttet …«

Gott, ich glaube an dich,
aber wo bist du?

In den Momenten,
wenn ich so etwas wie dieses Fax lese,
wenn manches ach so
herzlich unwichtig wird,
dann weiß ich wirklich,
dass es Gott gibt.

Vielleicht heißt ihn finden
zuerst einmal die Tiefe im eigenen Leben erkennen
und über diese Tiefe reden!

Welche Schätze an Glaubens-,
an Lebenserfahrung, bleiben ungehoben,
weil nicht darüber geredet wird.

Der Schmerz wird größer,
wenn ich um mich selbst kreise.
Wenn ich meine,
alles mit mir selbst ausmachen zu müssen.
Wenn ich mich schäme.

Worte heilen.
Sind wie eine herzliche Umarmung.

Wir müssen mehr reden von dem, was uns bewegt,
auch im Glauben.
Vom Vertrauen,
in Gottes Hand zu sein.

Damit lassen sich gemeinsam auch
die Lücken aushalten,
die Fragen,
das Ungeklärte,
das Gott uns zumutet.

Wenn Gott wirklich da zu spüren ist,
wo es dicht wird,
wo es ehrlich wird,
dann ist er wirklich überall.

Für den einen kann es sein,
dass er Gott mitten unter den Menschen findet,
wegen mir an der Bar,
unter zwielichtigem Volk.
Das ist gute alte Jesustradition.
Gott erscheint, wo er will.

Für den anderen kann es aber genau die Anbetung sein,
vor der Monstranz,
in der schönen Kirche, mit der entsprechenden Musik,
um mit den ganzen Sinnen zu spüren,
dass es etwas gibt,
das unseren nüchternen, unverspielten,
rational durchgeplanten Alltag übersteigt.

Deswegen kommen viele so gerne in unsere Kirche.
Die Basilika beruhigt,
eine Melodie aus Farbe und Raum.
Hier werden Türen aufgestoßen,
Augen geöffnet,
hier nehmen viele von uns Kraft für die Woche.
Hier darf man vieles abladen und hoffen.

Überall und egal mit welchen Methoden
die Sehnsucht geweckt wird,
wir über uns hinauswachsen,
da hat Gott seine Kraft mit ihm Spiel.

Wo wohnst du?,
fragen die Jünger den Herrn,
und er sagt ihnen:
Kommt und seht!

Und er hat ihnen kein Einfamilienhaus gezeigt,
sondern sagt schlicht:
Schaut euch an, wie ich lebe,
was ich tue.

Keine noch so tolle Erklärung,
kein noch so anschaulich geschriebenes Buch,
kein mit noch so großer Leidenschaft
und großem Aufwand gedrehter Film,
kann die unmittelbare Begegnung ersetzen.

Glaube, Hoffnung, Liebe,
die großen Vokabeln des Christ-Seins,
leben nur buchstabiert durch lebendige Menschen.
Gott ist in uns,
seit dem großen Anfang,
seit seiner großen Suche nach uns
in der Menschwerdung Christi.

Sein Ruf ergeht immer noch,
auch wenn wir oft nachfragen müssen,
oder glauben, es sei etwas anderes.
Warum soll es uns besser ergehen,
als damals dem Samuel,
von dem uns die Lesung erzählte?
Gott brauchte damals schon drei Anläufe,
bis er endlich verstanden wurde.

Ich bin sicher,
dass Gott jeden anredet.

Seit Pfingsten redet er allgemein verständlich.

Denn etwas vor hat Gott mit jedem von uns.
Daran glaube ich ganz fest,
und es wäre schade, wenn wir es erst
in der Ewigkeit herausbekämen,
was es denn gewesen ist.

Wege, Lebensplätze,
klar, die sind verschieden,
so verschieden wie die Originale,
die Gott schafft.

Aber die Grundaufgabe ist,
denke ich,
für alle die gleiche.

Die Menschen zu Jesus zu führen.
Den Menschen sagen,
du bist nicht allein,
es gibt eine Adresse,
du wirst angeschaut
und gehört.
Glauben heißt,
von der Hoffnung zu erzählen, die uns erfüllt,
und damit den Weg bereiten,
dass der Herr wirken kann.

Bitte

Herr, ich lege meine Sorgen und Ängste
neben die des Menschen aus der Silvesternacht.
Aber ich lege daneben auch meine Hoffnungen und meinen Dank.
Ich lege sie dir auf die Stufen deines Altares,
ich zünde mit ihnen die Lichter an vor dem Bild Marias,
ich singe mit ihnen die alten Lieder
und nehme sie mit in mein Beten.

Ich weiß, dass du sie hörst,
ich weiß es und bitte dich,
dass du mich das spüren lässt.
Was du damit machst …
ich weiß es nicht …
Du bist Gott …
Ich will lernen, dir zu vertrauen.

Lass mich bisweilen ein bisschen Himmel spüren,
etwas ahnen,
von der Herrlichkeit,
die du uns versprochen hast.
Oder besser,
mach meine Augen und Ohren auf,
dass ich es merke,
wann und wie du sprichst.

Und nimm mir bitte dann die Scheu,
davon zu erzählen.

Wie hieß es in dem Silvesterbrief:
»Du musst in denen, die noch glauben, gegenwärtig sein …«

Meditation

unterwegs

wir sind unterwegs
die zeit fliegt
wir warten
geduldig
manchmal ungeduldig

tausend jahre sind
für DICH,
GOTT,
wie ein tag

für GOTT
wir sind menschen
so viel zeit haben wir nicht

wir fahren und warten
gleichzeitig
sind neugierig
wollen etwas erleben
wir leisten uns was
genießen das Leben

aber trotzdem warten wir

es ist anders und doch gleich
wir reisen nie von uns weg
wir sind immer die gleichen

wir sind menschen

wir sind immer unterwegs
alles ist bewegung
das leben ist eine reise

jeder hinterlässt spuren

erfahrungen
blicke
lachen
tränen
umarmungen
freunde
menschen

nichts ist umsonst

wo will ich ankommen
und was ist entscheidender
das ankommen oder das reisen

das ankommen
sagt die alte kirche
denn das ist der himmel

das unterwegssein sagen wir heute
weil wir uns nicht mehr so ganz sicher sind
ob es ihn gibt den himmel

jetzt ist jetzt

ich glaube an die ruhe am ende der reise
an ewige ferien
an den himmel
die große überraschung
am ende der straße

später
jetzt reise ich

das unerfüllte
die sehnsüchte
die träume
die kämpfe
sind im gepäck

ich bin lebendig

die kraft kommt nicht aus mir
sie kommt vom anfang und ziel meiner reise

ich reise nie allein
ich vertraue auf GOTT

denn ER ist
vertraut mit all meinen wegen (psalm 139,3)

Segen

Der gütige Gott gebe euch festen Boden unter die Füße
und stärke eure Schritte in unbekanntes Land.
Er lasse seinen Stern vor euch aufgehen,
sei euch Wegweiser und Orientierung
und bewahre euch vor allen endgültigen Irrwegen.
Gott wende sich nicht von euch ab,
wenn ihr in falsche Richtungen rennt,
er warte geduldig, bis ihr zurückkehrt.

Gott segne eure Neuanfänge und euer Werden.
Sein Licht leuchte euch auf euren Wegen.

TAUFE DES HERRN

Da wirkt Gott, da ist sein Geist

Gebet

Je älter ich werde, Herr,
je eigener wird mein Bitten,
mein Beten,
jenseits aller Schablonen und Muster.
Man braucht immer weniger.

Ich erzähle einfach,
von dem, was mich umtreibt,
mich bewegt,
was ich dir sagen will.

Es sind keine Selbstgespräche,
ich glaube einfach,
dass ich nicht ins Leere bete und bitte.
Und das nichts von all dem verloren geht.

Es ist jemand da, der hört.
Nicht jemand,
du bist da,
der hört und versteht.

Manchmal reicht mir schon dieser Gedanke,
dass du mir zuhörst, Gott.
Manchmal.

Meditation zur Lesung (Apg 10,34–38)

taufe

gott sucht jenseits der grenzen
überspringt mauern und wälle
flieht alle reservate

sein wort
gilt für alle
urbi et orbi

von ihm aus gesehen
sind wir alle ein volk

er scheidet nicht
getauft – ungetauft
sein maßstab ist anderes

doch die das siegel empfangen
mit wasser
und salbung

die christi namen tragen

fordert er
zu bekenntnis
und zeugnis

gibt ihnen
würde
und schutz

und bindet sich
selbst an sie

durch christus
für alle zeit

Gedanken zum Evangelium (Lk 3,15–16.21–22)

Die Sieben Gaben des Heiliges Geistes

»... er wird euch mit dem Heiligen Geist
und mit Feuer taufen ...« (Lk 3,16)

Der Geist weht, wo er will,
wann er will und wie er will.
Sprengt alle Schablonen.
Gott ist halt Gott.
Sein Geist ist überall.
Er mischt sich ein.
Siebenfach.
Von sieben Gaben des Heiligen Geistes
sprechen unsere Traditionen.
Die erste heißt:

Verstand

Religion und Glaube ist mehr als »Kerze an und Füße hoch«.
Mehr als das Gefühl »es gibt irgend etwas Höheres«.
Mehr als die Kuschelecke für
»Wir-haben-uns-ja-alle-so-lieb-Lächler«.

Gott hat uns Vernunft gegeben
und einen Verstand,
um ihn zu benutzen.

»Man kann sich an das Denken auch gewöhnen«,
motzte uns einer unserer Professoren an.
Nach einer ihm nun doch zu dummen Zwischenfrage.
Glauben und Denken sind keine Gegensätze.
Im Gegenteil.
Sie gehören zueinander.

Natürlich,
der Kleine Prinz
von Saint-Exupéry:
»Man sieht nur mit dem Herzen gut.«
Natürlich.
Aber mit dem Verstand sieht man genau.

Man schaut noch mal genau hin,
lässt sich nicht blenden vom schönen Schein.
Erkennt die Ungereimtheiten,
das, was man uns vormacht,
das Kleingedruckte.
Der Verstand hilft zu unterscheiden,
das, was sich anbietet,
die Parolen und die echten Lösungen.

Der Verstand mogelt nicht,
verdeckt nicht den Preis,
den es kosten kann,
nicht zu lügen.

Wo Menschen
klar und mutig
ihren Verstand einsetzen.
Unbeirrbar
und bereit sind,
sich auseinander zu setzen:

Da wirkt Gott.
Da ist sein Geist.

Wissenschaft

Gut, die Sache mit Galileo Galilei
hatte was Peinliches.
Rehabilitierung einige hundert Jahre später.
Wäre besser gewesen,
er hätte es selbst noch erlebt.
Heute würde er sich wundern
über die Sternwarte in Castel Gandolfo.
Hochgeehrt wäre er.
Bewundert.
Mit Privataudienz im Vatikan.

Sein Fall bleibt eine Mahnung
wie die Statue von Giordano Bruno
auf dem Campo de Fiori.
Da, wo sie ihn verbrannten.
Wissen und Forschung sind Gottes Gaben.
Dafür da,
um benutzt zu werden.

Gott ein bisschen mehr auf die Spur zu kommen,
das ist an sich gut
und unverdächtig.
Es gibt ihn,
den Wunsch,
den Schleier zu lüften.
Mehr zu wissen.
Etwas mehr zu wissen.
Gott hat wohl nichts dagegen.

»Gott schuf den Menschen nach seinem Ebenbild«,
steht in der Bibel.
Forschergeist und gute Neugier gehören zum Menschen.
Nur wenn sie selbst Gott spielen wollen,
nicht mit dem Ebenbild zufrieden sind,
den Menschen schaffen wollen,
anstatt ihm zu helfen,
dann wird es maßlos.

Ich traue denen,
die wissen,
dass sie nicht letzte Instanz sind.
Forscher, die um ihre Grenzen wissen.
Für die Moral keine Lachnummer ist,
der Mensch kein Multifunktionsbaukasten.
Für die es Grenzen gibt.
Die keine Embryos klonen,
nur so,
um mal zu schauen, wie das geht,
um neue Ersatzteillager
zu konstruieren.

Ich traue denen,
die nicht alles tun,
was sie tun könnten.

Wo Menschen
leidenschaftlich suchen,
neugierig sind auf Gottes Geheimnisse,
Leben erleichtern helfen
und trotzdem noch staunen können,
Respekt haben
und wissen,
wann sie aufhören müssen:

Da wirkt Gott.
Da ist sein Geist.

Weisheit

Ich erschrak,
als ich zum ersten Mal »früher« sagte –
mit neununddreißig
zu einem 17-Jährigen …
»wir hätten damals niemals …«,
ich fahre mir über den Mund.
Schaue in den Spiegel.
So schnell geht das also …
Jetzt fängt das auch schon an.
Wie hat mich das immer selbst aufgeregt.
»Früher …
damals …
wir hätten niemals …«

Weisheit ist das nicht.

Die zeigt sich anders.
Ist gelassener.
Nicht so besserwisserisch.
Nicht so impertinent klug.
Lässt den anderen nicht spüren,
dass man weiter ist.

Weisheit hat nichts von Hochmut,
nichts von Sich-gnädig-Herablassen.

Sie hört erst einmal zu,
interessiert sich,
sagt dann behutsam
vorsichtig,
das, was erfahren wurde.

Mit eigenen Schmerzen,
eigenen Triumphen,
weiß, dass sich nichts wiederholt,
nichts,
gar nichts.

Weisheit lässt zu,
glaubt daran,
dass es auch andere Wege gibt,
ist neugierig auf Entwicklungen,
weiß, dass es je neue Chancen gibt.

Die richtigen Weisen erzählen nur,
schlicht,

ohne Schnörkel,
ohne Dogma.
Ihre Botschaft kommt aus der Mitte,
aus dem Herzen.

Man hört ihnen zu,
ohne begründen zu können,
warum man das macht.
Sie ziehen einfach in den Bann.
Weil sie echt sind.

Wo Menschen
das, was sie erlebt und erlitten haben,
weitergeben,
ohne Zeigefinger,
gelassen
und mit Sympathie
für das, was folgen wird:

Da wirkt Gott.
Da ist sein Geist.

Rat

Niemand nach dem Mund reden.
Raten, auch wenn es nicht auf Beifall stößt.
Sich unbeliebt machen,
weil es die Wahrheit ist.
Nicht kalkulieren,
auf eigene Vorteile.
Das heißt Raten.

Ich habe Freunde, denen ich nichts vormachen kann.
Keine Bühne blendet sie, kein Theater,
kein Selbstschutz, den ich eigentlich selbst nicht will.
Sie reißen mir die Maske vom Gesicht,
behutsam, aber ohne falsches Mitleid.
Geburtshelfer sind sie,
streng in ihrer Freundschaft,
aber notwendig, wie Wasser und Luft.

Sie trösten und loben,
lesen zwischen den Zeilen
und fahren mir in die Parade.
Sie werden nie zu Claqueuren,
klatschen nicht sofort Beifall.
Eher setzten sie die Freundschaft aufs Spiel,
der Wahrheit wegen,
meiner Wahrheit wegen.

Raten lass ich mir nur von denen,
die es ernst meinen mit mir.
Denen es um mich geht,
deren Medizin nicht immer schmeckt,
aber langfristig wirkt.

Wo Menschen wahr sind,
auch wenn es wehtut,
nicht billig schonen,
sondern klar sind und
einem die Augen öffnen:

Da wirkt Gott.
Da ist sein Geist.

Frömmigkeit

Auch wenn ich die Hände nicht falte,
nicht in die Knie gehe
und die Lieder nicht singen kann,
kann ich beten.
Auf meine Weise.

Mein Leben ist mein Gebet,
ich achte die anderen,
die sich traditioneller versammeln,
ich respektiere sie,
aber ich suche Gott auf meinem Weg.
Halte ihn aus,
auch wenn ich fliehen möchte.

Ich suche und finde
meine Sprache,
meinen Ausdruck,
allein oder mit anderen.
In alten Formen
oder im Neuland.

Ich suche nicht nach immer neuen Kicks,
Transzendenz-Drogen,
suche nicht nach dem letzten Schrei
aus dem Warenhaus der Esoterik.

Ich suche Gott,
ich versuche zu suchen.
Irgendwie weiß ich:

Ich bin nichts ohne ihn,
und
nichts ohne euch.
Ich bin keine Insel.

Ich danke
ohne viele Worte.
Ich weiß,
dass es ihn gibt.
Versteckt
und in euch,
die ihr um mich seid.
Ich bete mit meinem Leben.

Wo Menschen
nicht loslassen von Gott,
ihn suchen
auf ihren Wegen und Umwegen,
ohne Schablonen,
wird er sich finden lassen:

Da wirkt Gott.
Da ist sein Geist.

Furcht

Der alte Fürchtegott?
Nein, um Gottes Willen.
Keine Rückkehr in alte Zeiten.
Keine neue Angst vor Gott.
Das ist mit Furcht nicht gemeint.
Zu lange wurde Gott missbraucht,
um Kinder in Angst zu halten.

Sie nannten ihn den lieben Gott,
der alles sieht.
Der auch dreinschlägt,
manchmal buchstäblich
durch Eltern und Lehrer.
Viele Ältere wissen darüber zu klagen.

Aber Furcht vor ihm hab ich schon.
Ehrfurcht,
weil ich weiß, dass Gott Gott ist.

Ich verstehe ihn oft wenig,
rätsle an seinem Schweigen,
vermisse einfache Lösungen,
Geheimnisvoll bleibt er,
undurchdringlich,
nicht definierbar.
Das ist so.

Vor ihm auf die Knie gehen
heißt sich selbst den richtigen Platz geben.
In der richtigen Reihenfolge.

Heißt anerkennen,
dass ich mich nicht selbst erschaffen habe.
Dass ich mich jemand Größerem verdanke.
Heißt aber auch,
tollkühn vertrauen zu können.

»Wenn Gott für uns ist, wer ist dann gegen uns«,
sagt die Bibel.
Gott fürchten heißt wirklich nur ihn fürchten,
ihn und niemand sonst.
Keine Halbgötter.
Furcht vor nichts und niemanden.
Jedenfalls kann ich mir das immer wieder sagen.

Wo Menschen
Ehrfurcht behalten
vor Gott,
vor ihrem Ursprung,
verlieren sie Angst.
Müssen sich vor niemand sonst klein machen,
gewinnen innere Freiheit:

Da wirkt Gott.
Da ist sein Geist.

Stärke

»Ein deutscher Junge weint nicht«,
über diesen Blödsinn gibt es sogar Bücher.
Diese Stärke ist nicht gemeint.
Das Recht der Stärkeren setzt sich durch,

egal wer den Preis bezahlt.
Diese Stärke ist nicht gemeint.
Lieber er als ich …
oder den Letzten beißen die Hunde.
Diese Stärke ist nicht gemeint.

Der Geist der Stärke
braucht keine Gewalt,
keine Faust,
kein messerscharfes Wort.
Die innere Stärke ist gemeint,
das In-Sich-Selbst-Ruhen,
die Gelassenheit,
das Selbstvertrauen,
die Liebe,
die man nicht aus sich selbst hat.

»Gott ist die Liebe,
und wer in der Liebe bleibt,
bleibt in Gott,
und Gott bleibt in ihm.
Darin ist unter uns
die Liebe vollendet,
dass wir am Tag des Gerichts Zuversicht haben.
Denn wie er, so sind auch wir in dieser Welt.
Furcht gibt es in der Liebe nicht,
sondern die vollkommene Liebe vertreibt die Furcht.
Denn die Furcht rechnet mit der Strafe,
und wer sich fürchtet,
dessen Liebe ist nicht vollendet« (1 Joh 4,16b–18).
So heißt es im ersten Brief des Apostels Johannes.

Dort
wo Menschen
schwach
stark sind,
aushalten,
ohne Furcht vor eigenen Nachteilen,
wo sie ihr Rückgrat spüren,
sich nicht verbiegen lassen:

Da wirkt Gott.
Da ist sein Geist.

Bitten

Zu Jesus Christus, unserem Bruder und Herrn, beten wir voll Vertrauen:

Für alle, die heute getauft werden
Für alle, die sich als Erwachsene auf die Taufe vorbereiten
Für alle, die ihr Patenamt ernst nehmen

Orgelmeditation, kurze Stille, Anzünden einer Kerze und/oder Kyrieruf

Für alle, die uns notwendig sind wie Salz und Brot
Für alle, die durch ihren Optimismus Wege öffnen
Für alle, die da sind, wenn man sie braucht, die uns Mitmensch und Engel sind

Orgelmeditation, kurze Stille, Anzünden einer Kerze und/oder Kyrieruf

Für alle, die nicht für alles eine Antwort haben und einfach zuhören können
Für alle, die tolerant geblieben sind und neugierig auf alles, was Leben heißt
Für alle, die aus eigener Erfahrung wissen, dass nichts nur weiß und nichts nur schwarz ist.

Orgelmeditation, kurze Stille, Anzünden einer Kerze und/oder Kyrieruf

Für alle, denen ein starker Glaube geschenkt ist
Für alle, die sich mit Gott und seiner Kirche schwer tun
Für alle, die ihren eigenen Weg nach der Wahrheit suchen

Orgelmeditation, kurze Stille, Anzünden einer Kerze und/oder Kyrieruf

Für alle, die auf den Heiligen Geist vertrauen
Für alle, die offen für neue Wege bleiben
Für alle, die sich Mut zum Risiko bewahrt haben

Orgelmeditation, kurze Stille, Anzünden einer Kerze und/oder Kyrieruf

Für alle, die mit viel Gegenwind leben müssen
Für alle, die an eine Idee glauben und an ihr festhalten
Für alle, die Dinge aussprechen, die sonst niemand zu sagen wagt

Orgelmeditation, kurze Stille, Anzünden einer Kerze und/oder Kyrieruf

Für alle, die reich an Erfahrung altgeworden sind
Für alle, die in diesen Tagen ins Leben geboren werden
Für alle, von denen wir uns in diesem Leben verabschieden mussten

Orgelmeditation, kurze Stille, Anzünden einer Kerze und/oder Kyrieruf

Für sie alle und in unseren ganz persönlichen Anliegen bitten wir dich treuer und barmherziger Gott. Du kennst uns besser als wir uns selbst und schenkst uns dein Vertrauen. In der Taufe hast du uns dein Wort gegeben, treuer Gott. Erhalte uns weiterhin deinen Schutz und sei mit uns auf unseren Wegen. Jetzt, alle Tage des neuen Jahres, bis zu unserer Ewigkeit.
Amen.

Meditation

glauben

ich glaube
natürlich glaube ich
weil es die einzige lösung ist
weil sich damit die welt ändern kann
weil sich damit die leute dann selbst willkommen sind
weil wir uns damit in die augen sehen können
weil wir damit die angst verlieren überhaupt zu existieren
weil wir dann nicht so todernst leben
weil wir dann unsere notlügen vergessen können
weil wir uns mit humor ertragen können
weil wir nicht mehr wegschauen
und die Klappe aufmachen
wenn's drauf ankommt

Weil ich nur damit
dir ehrlich in die
augen sehen kann

Co-Autor: Dio van Maaren, Hilversum

Segen

Gott behalte deinen Namen fest in seine Hand geschrieben.
Mit seiner Liebe umfange er dich, wo immer du bist,
wo immer du sein wirst.
Er helfe dir, all das zu entdecken, was dir an Talenten geschenkt wurde
und lasse dich unverwechselbar sein und mit niemand zu vergleichen.
Mit seinem Rückenwind und seinem langen Atem wirst du deinen
eigenen Weg finden.
Gott wird bei dir sein, auch auf den Umwegen,
die du vielleicht gehen wirst, um dich zu finden.
Er wird an deiner Seite sein, verlass dich darauf, er hält sein Wort.
Er fordere dich heraus, immer mehr Mensch zu werden nach dem
Bild seines Sohnes.
Er schütze dich vor allen selbst ernannten Götzen und Göttern und
wecke in dir ein hellwaches Gewissen.
Tolerant lasse er dich sein und fähig, anderen zuzuhören.
Viel Geduld schenke er dir.
Mit anderen und mit dir selbst.
Gott der Ewig-Treue behüte dein Leben.

(Für meinen Neffen Maximilian Lukas und meine Nichte Valentina Sarah)

Bibelstellenregister

Quellennachweis

S. 23f	Eva Avi Yonah, Was ich lernen sollte © Eva Avi Yonah, Jerusalem
S. 91ff	Wilhelm Bruners, heilige familie, aus: Wilhelm Bruners, Das Gespräch mit dem Engel, TOPOS plus Band 441 © Butzon & Bercker, Kevelaer, S. 90f
S. 104	Hilde Domin, Bitte, aus: Hilde Domin, Gesammelte Gedichte © S. Fischer Verlag, Frankfurt 1987
S. 117f	Rainer Maria Rilke, Der Schauende, aus: Rainer Maria Rilke, Die Gedichte, Insel Verlag, Frankfurt a. M. 1986

Weitere Veröffentlichungen des Autors

Wahlbekanntschaften

Gespräche von Stephan Wahl mit Menschen aus Showbusiness, Politik und Gesellschaft (hrsg. von Norbert Sommer) Berlin 2002

Für alle, die uns Mitmensch und Engel sind

Fürbitten zu den Sonn- und Festtagen im Lesejahr B, Würzburg 2002

Für alle, deren Herz verwundet ist

Fürbitten zu den Sonn- und Festtagen im Lesejahr C, Würzburg 2003

Aljoscha

Geschichten von Gottes kleinem Lieblingsengel, Frankfurt a. M. 2002